Rosemarie von Schach

TOCHTERLIEBE

Bearbeitet von: Iris Felter
Illustrationen: Jette Svane

GEKÜRZT UND VEREINFACHT
FÜR SCHULE UND SELBSTSTUDIUM

Diese Ausgabe, deren Wortschatz nur die gebräuchlichsten deutschen Wörter umfasst, wurde gekürzt und in der Struktur vereinfacht und ist damit den Ansprüchen des Deutschlernenden auf einer frühen Stufe angepasst.

Dieses Werk folgt der reformierten Rechtschreibung und Zeichensetzung

HERAUSGEBER: Ulla Malmmose

Umschlagentwurf: Mette Plesner

© 1994 Arena Verlag GmbH, Würzburg
© 2008 EASY READERS, Kopenhagen
- a subsidiary of Lindhardt og Ringhof Forlag A/S, an Egmont Company.
ISBN Dänemark 978-87-23-90615-1
www.easyreader.dk
The CEFR levels stated on the back of the book are approximate levels.

Gedruckt in Dänemark von
Sangill Grafisk Produktion, Holme Olstrup

Biografie

Rosemarie von Schach wurde 1939 in Berlin geboren. Nach Ballett- und Schauspielausbildung arbeitete sie mehrere Jahre als Schauspielerin. Seit 1974 ist sie hauptberuflich Autorin.

In einem Interview hat Rosemarie von Schach erzählt, dass sie das meiste von dem, was in Yolandas Aufzeichnungen steht, selbst erlebt hat. Gemeinsam mit ihrer Mutter und sieben Geschwistern sei sie damals aus Berlin geflüchtet.

»Tochterliebe« belegte 1988 den zweiten Platz beim Preis für das beste Jugendbuch und wurde 1989 zum Buch des Monats in Göttingen gewählt.

Ein *Alptraum*. Oder ein Horrorfilm.

Während das Telefon klingelt, gießt Pit gerade frischen Sekt in ihr Glas und Oliver zieht sie auf die Tanzfläche. Jessica löst sich lachend von ihm.
    Dann kommt die Stimme. Wie eine Maschine.
»Schwerer Verkehrsunfall. Lebensgefährlich. Ihre Mutter, Fräulein Lorenz.«

Jessica ist ganz stumm. Es kommt nur ein klagender Laut über ihre Lippen.
    Sie hört Pierres vertraute Stimme. Pierre, Mutters rechte Hand.
»Ich fuhr im Auto hinter ihr. War sofort da. Ich werde mich um alles kümmern, Jessica. Sie ist in der Universitätsklinik. Bleib in der Nähe des Telefons!«
    »Ja!«, hört Jessica sich sagen.

Plötzlich helfen die Sprüche nicht mehr, mit denen sie sonst die Katastrophen des Alltags wegwischt. Die schlechte *Note* in Deutsch, den Abschiedsbrief von Matthieu.
    Das hier ist anders.

»Ende der Party, Leute!«
    Wie aus großer Entfernung hört Jessica ihre eigene Stimme. Sie schickt die Gäste nach Hause.
    Caroline fällt ihr um den Hals. Pit geht mit den anderen die Treppe hinunter. Sie lachen. Jessica hört

---

der Alptraum, Angsttraum
die Note, Beurteilung von Eins bis Sechs für eine Leistung in der Schule, wobei die Eins für „sehr gut" und die Sechs für „ungenügend" steht

noch, wie sie sich was zurufen. Was noch mit dem Abend anzufangen sei, nach der *geplatzten* Geburtstagsfeier.

Dann das Knallen der Haustür.

Jessica schließt die Augen. Alles schwimmt, die Wände bewegen sich. Das *Rauschen* in den Ohren wird zum Orkan. Ihr Herz rast.

Sie stürzt ins Badezimmer, bricht zusammen.

Nach einer Weile erwacht sie, ihr ist eiskalt. Sie braucht lange, um sich zu erinnern, was geschehen ist. Schließlich steht sie auf, wäscht sich Gesicht und Hände.

Sie setzt sich neben das Telefon und wartet.

Und wenn sie das alles nur geträumt hat? Aber da war die Party, die Freunde.

Und wenn es ein *Irrtum* ist? Wenn eine andere Jessica Lorenz gesucht wird? Wenn eine andere Mutter Opfer eines Unfalls ist?

Nein, Pierre hat sie gesehen. Der rote Porsche, Adresse und Telefonnummer in der Handtasche: »Im *Notfall* meine Tochter Jessica *benachrichtigen*.«

Meine Tochter Jessica, die heute achtzehn geworden ist.

Meine Tochter Jessica, die eine Party feiert. Die mit ihren Freunden auf mich wartet.

Meine Tochter Jessica, die heute ihren Führer-

---

platzen, hier: etwas hört plötzlich und ganz unerwartet auf
das Rauschen, Geräusch wie von fließendem Wasser
der Irrtum, Missverständnis
der Notfall, unerwartete Situation, in der man schnell handeln muss
benachrichtigen, jemandem etwas mitteilen

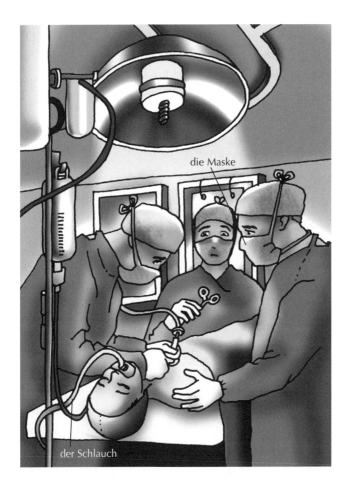

schein bekommen hat. Die auf ihrem Frühstücksteller den Schlüssel zu ihrem ersten Wagen gefunden hat. Der eigentlich erst zum *Abitur* versprochen war.
Typisch Ma. Am Ende wird sie immer weich. Ma,

| *das Abitur,* Abschlussprüfung an einem Gymnasium

diese *Mischung* aus schlechtem Gewissen und Hilflosigkeit der Tochter gegenüber. Und sie schenkt so gern. Es macht ihr ganz einfach Spaß.

Ma auf dem Operationstisch. Angeschlossen an *Schläuche*, umgeben von *Masken*. Nur die Augen der Ärzte sind zu sehen, die sorgenvollen Blicke von einem zum anderen.

Jessica presst ihre eiskalten Hände gegen die Stirn. Sie springt auf, rennt in die Küche und trinkt ein großes Glas Wasser.

Ruhelos läuft sie in der Wohnung hin und her, räumt Aschenbecher und Gläser zusammen, trägt Schüssel und Platten in die Küche.

Sie lässt heißes Wasser ins Abwaschbecken, um die Gläser mit der Hand abzuwaschen - Ma sollte sie so sehen. Das Telefon läutet.

Sie nimmt ab, ihre Hand zittert dabei.

Es ist Pierre. Aus dem Krankenhaus.
»Sie operieren noch. Soll ich kommen?«
»Ist nicht nötig.«
»Bleib in der Nähe des Telefons. Sie werden dich anrufen, *falls* … Sonst kannst du anrufen, in etwa drei Stunden.«
»So lange operieren sie?«
»Das haben sie mir gesagt, ja. Kompliziert, sie mussten den *Schädel* öffnen.«

---

die Mischung, etwas ist zwei verschiedenen Dingen ähnlich, ist aber weder genau das eine noch genau das andere
der Schlauch, die Maske, siehe Zeichnung auf Seite 7
falls, für den Fall, dass
der Schädel, Knochenskelett des Kopfes

Jessica schweigt.
»Wirklich alles in Ordnung?«
»Klar. Ich räume auf. Die Reste von der Party.«

Jessica geht in die Küche zurück. Sie arbeitet, als könne sie sich damit die Nachricht verdienen, auf die sie hofft. »Sie wird es schaffen.«
Doch die Unruhe bleibt.

Fast ein Uhr. In der Küche gibt es nichts mehr zu tun.
Plötzlich überfällt sie rasender Hunger. Sie stopft kaltes Fleisch, *Lachsröllchen* und Salate in sich hinein, öffnet eine Dose Cola und setzt sich mit einem gefüllten Teller auf die breite Fensterbank. Sie trinkt und kaut und starrt ins Dunkel hinaus. Über viele Dächer in die Richtung, wo die Universitätsklinik liegt.
Wenn ich nichts höre, ist es ein gutes Zeichen. Solange das Telefon nicht klingelt, ist noch Hoffnung.
Drei Stunden.
Noch nicht um. Noch nicht einmal zur Hälfte.
Sie operieren noch.
Warten.
Hoffen.
Nicht daran denken.

Sie beschließt, sich einen Tee zu machen. Während sie auf das Kochen des Wassers wartet, fällt ihr ein, dass sie den Fußboden in der Küche nicht gesäubert hat.

das Lachsröllchen, leckeres Häppchen zum Essen

Das Klingeln des Telefons erschreckt sie wie ein Schuss. Sie wartet, atmet tief durch, ehe sie abnimmt.

»Jessica? Caroline hier. Wir wollen nur hören, wie es dir geht. Können wir etwas für dich tun?«

Jessica versteht sie kaum. Im Hintergrund sind laute Stimmen und Discomusik.

»Jess? Bist du noch da?«

»Ja, ja, macht euch keine Sorgen. Ich weiß noch nichts Näheres. Sie operieren noch. Sei nicht böse. Ich muss die Leitung freihalten. Wir sprechen uns morgen, okay?«

Jessica legt auf.

Wie fern das alles ist, die Clique, die Freunde.

Nichts ist mehr so, wie es war.

Sie macht den Tee, wärmt ihre Hände an der Tasse, während sie damit durch die Wohnung wandert.

Alle Lichter brennen.

»Sinnlos«, würde Ma sagen.

So viel Geld verdient sie, aber das kann sie wütend machen. Auch dass man seinen Teller nicht leer isst, regt sie auf.

Und dann gibt es das Sinnvolle. Gäste bewirten, repräsentieren. An teuren Urlaubsorten die richtigen Leute treffen.

Das ist wichtig für das Geschäft. Sinnvoll eingesetztes Kapital.

Sie kann sich nicht vorstellen, dass Ma etwas tut, was nichts einbringt.

Ma, immer schön, gepflegt und diszipliniert.

Es gibt Tage, da fühlt sich Jessica schwer wie ein

Nilpferd. Sie ist einfach dem Tempo der Mutter nicht gewachsen.

»Ma!«, sagt sie leise. »Mamina!«

Ihre Stimme klingt fremd. »Mamina, lass mich nicht allein! Bitte, Ma, bitte!«

Es tut gut zu weinen. Jessica setzt sich auf den Schreibtischstuhl, schlingt die Arme um die Knie und wiegt sich hin und her, hilflos.

An diesen Platz wagt sie sich selten. Aber heute ist alles anders.

Der Terminkalender, Notizen. Die Fotos. Von den Großeltern, von Onkel Jörg mit seiner Familie, von Onkel Peter.

Und immer wieder Jessica. Jessi mit *Schultüte*, Jessi als Baby, Jessi mit Blumenstrauß. Jessica und Ma auf dem Boot im Hafen von Rhodos.

Wie Ma gelacht hatte! Weich, sehr glücklich.

Und da das Foto, auf das sie so stolz ist: Ma im Abendkleid, einen Preis in den Händen, den sie strahlend in die Höhe hält.

die Schultüte

Vielleicht wird Ma nie wieder an diesem Platz sitzen? Vielleicht. Nicht daran denken!

Es darf nicht geschehen! Und wenn doch?

Warum hat sie noch vorgestern zu Caroline

| *das Nilpferd,* schwerfälliges, formloses Tier

die Schublade

gesagt, Ma bedeute ihr nichts, sie lebten in zwei verschiedenen Welten?

Ma´s Leben besteht aus Versprechungen, die sie nie
einhält.
»Dieses Jahr machen wir einen gemeinsamen Urlaub.«
»Morgen gehen wir zusammen ins Kino.«

»Ins Konzert.«
»Ins Theater.«
»Ich hole dich von der Schule ab, ganz bestimmt!«

Und dann ist wieder ein Termin, Überstunden oder eine plötzliche Reise.

Die Mutter kauft sich frei: Karten für das Rockkonzert für die ganze Clique. »Und erzähl mir genau, wie es war!«

Dabei hat sie es morgen wieder vergessen.

Das Leben mit Ma ist ein ständiges Warten auf etwas, das nie geschieht.

Ma im Abendkleid mit dem Preis in der Hand. Der Preis, den Ma mit Überstunden, Terminen, Kämpfen und Magendruck bezahlt hat. Der Preis, den Jessica bezahlt hat mit Enttäuschungen. Und mit *Widerwillen* gegen alles, was mit den Modemessen, mit den Läden und dem Büro am Stadtrand zu tun hat.

»Deine Mutter ist mit ihrem Beruf verheiratet«, hat der Vater gesagt.

Er hat *sich* rechtzeitig *aus dem Staub gemacht*. Das Einzige, was Ma von ihm behalten hat, ist sein Name. Yolanda Lorenz.

Einmal haben sie darüber gesprochen. Das ist noch nicht lange her.

»Ich habe kein Talent für die Ehe«, hat Ma nur gesagt. »Ich brauche meine Freiheit.«

»Und Zärtlichkeit? Brauchst du die nicht?«

»Zärtlichkeit? Nein, Heiterkeit, ja.«

---

der Widerwillen, das Gefühl, dass man etwas überhaupt nicht mag
sich aus dem Staub machen, abhauen

In Ma´s Welt gibt es keine Hässlichkeit.
Harmonie und Glanz, ja. Eine Welt der Schönheit, eine perfekte Welt der Farben und Formen.

Jessicas Welt ist anders.
Eine Kaugummiwelt, eine Discowelt. Jeansläden
5 und Eisdielen.
Im Zimmer sind Kleider und Schulbücher über Fußboden, Bett und Tisch verteilt. An den Wänden hängen *Poster*, an der Lampe Armbänder, Ketten und Papierblumen.
10 Überall Souvenirs, leere Flaschen, Bonbondosen.
Überall Postkarten, Liebesbriefe, Parfümproben, Zeitschriften.
»Ein ständig wachsender Abfallhaufen«, hat Ma es genannt.
15 In Ma´s Leben ist nichts dem Zufall überlassen.
Der tägliche Kampf ist für sie eine Herausforderung.

Jessica zieht *Schubladen* heraus, ohne zu wissen, was sie sucht. Sie will einfach Nähe fühlen. Wärme.
Gestern noch hat Ma hier gesessen, Termine
20 notiert, Briefe sortiert.
Im Regal über dem Schreibtisch steht eine Reihe Hefte. Jessica zieht eines halb heraus. Sie geht die Reihe durch. Auf allen Heften stehen Jahreszahlen.
Sie *zögert*.
25 Dann nimmt sie das erste Heft und schlägt es auf.
Die Seiten sind mit einer Kinderschrift beschrieben. Der Mädchenname der Mutter ist von Blumen

die Schublade, siehe Zeichnung auf Seite 12
zögern, abwarten

das Poster

und Sternen umgeben.
 Darunter steht das Jahr: 1943.
 Jessica schlägt die Seite um und beginnt zu lesen.

***

Heute ist mein elfter Geburtstag. Tante Heidi hat mir das Heft geschenkt. Für die langen Nächte im Keller. Ich soll schreiben, was mir einfällt. Sie denkt, ich habe Angst bei Alarm, aber das stimmt nicht. Nur
5 das erste Mal, als die *Sirenen* losheulten. Da habe ich gedacht: Jetzt müssen wir alle sterben!
 Jetzt habe ich keine Angst mehr. Nur wenn das Schießen ganz nah ist.
 Seit Papa in Russland ist, ist Mutti so komisch. Wie
10 aus Stein. Ich wünschte, sie würde mich mal wieder in die Arme nehmen, aber sie sieht uns gar nicht mehr. Ich bin traurig. Lieber Gott, mach, dass Papa nichts passiert! ...

*

Heute ist der Brief gekommen, vor dem Mutti sich so
15 gefürchtet hat.
 In der Musikstunde haben sie mich zum Direktor gerufen. Der hat mir gratuliert, weil mein Vater nun ein Held ist. Weil er sein Leben für seinen Führer und sein Vaterland gegeben hat. Der Direktor hat noch
20 gesagt, dass ich jetzt eine große Aufgabe habe: Ich soll Mutti helfen und meinen kleinen Brüdern auch.
 Zuletzt sagte er: »Du kannst nach Hause gehen, Yolanda. Heil *Hitler*!« ...

*

die Sirene, Gerät, das durch lange, laute Töne vor Gefahr warnt
Hitler, Adolf (1889-1945), ab 1921 Parteichef der Nationalsozialistischen Deutschen Arbeiterpartei (NSDAP), ab 1933 Reichskanzler, Führer des Deutschen Reiches

Wir sollen alle verschickt werden, wegen der Bomben. Meine Brüder dürfen zur Omi aufs Land. Ich komme zu Tante Martha, die keine Kinder hat ...

*

Jetzt bin ich schon eine Woche hier. Mutti hat mich hergebracht. Auf dem Bahnsteig standen zwei SS-Leute mit einem Gefangenen. Der sah aus wie der Tod. Er konnte nicht mehr stehen, aber sie haben ihn mit den *Gewehrkolben* geboxt, damit er nicht hinfällt. Ich muss immer an ihn denken. Es war so kalt, und er hatte keine Schuhe und keine Jacke an.

der Gewehrkolben

*

Tante Martha gefällt mir nicht. Sie will immer alles genau wissen und tut so, als wäre sie meine Freundin.
  Die ganze Woche musste unsere Schulklasse Kartoffeln sammeln. Unsere Hände sind dick und rot. Es ist schrecklich bei Tante Martha. Das Essen ist ein *Fraß*. Dauernd Kohlsuppe. Zum Frühstück Graubrot mit verdünnter Marmelade, dazu *Muckefuck*. Nach dem Essen hat man genauso viel Hunger wie vorher. Keine Post von Mutti. Warum schreibt sie nicht? ...

SS-Leute, Schutzstaffel, militärisch organisierte Polizei in der Zeit des Nationalsozialismus
der Fraß, hier: schlechtes Essen
der Muckefuck, schlecht schmeckender, dünner Kaffee

*

Wir dürfen in der Schule die Mäntel anbehalten, weil es so kalt ist. Wenn wir frieren, üben wir Aufstehen und Hinsetzen, bis uns warm ist. Nur unser Klassenlehrer friert nicht. Seine Parteiuniform ist aus ganz dickem Stoff. Wenn doch bloß ein Brief von Mutti käme!

*

Heute ist ein Glückstag. Mutti hat mir ein Päckchen geschickt, mit einem ganz kleinen roten *Samt*pferd. Ich habe geheult vor Freude. Von nun an ist es mein bester Freund. Jetzt bin ich nicht mehr so allein ...

*

Sonnabend. Warum schreibt Mutti nicht? Ich bin so unglücklich.

*

1944. Eigentlich mag ich gar nichts mehr aufschreiben. Es ist alles so traurig. Mutti schreibt, dass jetzt auch unser Haus von einer Bombe getroffen wurde. Die ganze Straße ist ein einziges *Trümmerfeld*. Einen Tag lang waren sie im Keller *verschüttet*. Jetzt wohnt sie bei Tante Lene. Und muss jeden Tag eine Stunde zur Arbeit fahren.

Ich musste Weihnachten hier bleiben wegen der

---

der Samt, feiner, weicher Stoff, der auf einer Seite viele kleine kurze Fäden hat
das Trümmerfeld, Gelände bedeckt mit Teilen von zerbombten Häusern
verschüttet, unter Erde und Mauerresten begraben

schweren Luftangriffe. Nicht mal zu Omi durfte ich. Ich bin ins Bett *gekrochen*, hab mit meinem Pferdchen geredet.

*

Immer noch keine Post. Bitte, bitte, Mutti, schreib doch! Ich hab solche Angst um dich. Tante Martha hat mir erlaubt, an ihren Bücherschrank zu gehen ...

*

Das Schönste an Büchern ist, dass man die Geschichten weiterdenken kann, wenn das Buch zu Ende ist. In einem Buch sind nur Bilder von Burgen und Schlössern. Die richte ich in Gedanken ein. Ich denke mir Möbel, Teppiche und Gardinen aus. Und dann die Menschen, die mit mir dort wohnen, und die Kleider, die wir anhaben. Und, was wir essen und trinken ...

*

Mutti war da! Sie hat mich zu meinem zwölften Geburtstag besucht. Sie sah so müde aus. Als sie wegfuhr, musste ich weinen ...

*

Sonntag ist der schlimmste Tag, weil da keine Post kommt. Meistens kriege ich ja auch an den anderen Tagen keine, aber da kann ich wenigstens darauf hof-

---

kriechen, sich langsam irgendwohin bewegen, wo man sich verstecken kann

fen. Die ganze Zeit in der Schule denke ich, heute kommt bestimmt ein Brief von Mutti. Wenn dann keiner da ist, ist es für einen Moment ganz schlimm. Aber dann denke ich, morgen ist der Brief ganz
5 bestimmt da.

*

Sie haben auf den Führer ein *Attentat* verübt, aber ihm ist nichts passiert. Die Leute sagen, es ist ein *Wunder*. Unser Lehrer sagt, der Führer hat eine Wunderwaffe. Wenn er die einsetzt, ist der Feind
10 sofort fertig. Ich verstehe nicht, warum er die nicht jetzt gleich benutzt. Dann müssten doch nicht jeden Tag so viele Menschen sterben.

Jeden Tag schreibe ich an Mutti. Aber sie hat zu viel Arbeit, um zu antworten. Das weiß ich ja ...

*

15 Jeden Tag kommen mehr *Flüchtlinge* in die Stadt. Tante Martha hat jetzt auch eine *Einquartierung*, eine ganze Familie aus Ostpreußen. Es gibt *Stromsperre* und das Essen wird immer schlechter. Kohlsuppe, Erbsensuppe, Kartoffelsuppe und so immer
20 von vorn.

---

das Attentat, Mordanschlag
das Wunder, hier: etwas Großartiges, das eigentlich nicht geschehen kann, weil es den Naturgesetzen widerspricht
der Flüchtling, jemand, der wegen Verfolgung oder Lebensgefahr (besonders im Krieg) seine Heimat verlässt bzw. verlassen muss
die Einquartierung, Unterbringung von Menschen in Privathäusern
die Stromsperre, Abschalten des elektrischen Stroms für kurze oder längere Zeit

Sie sagen, die Schule wird bald geschlossen. Die älteren Jungen sind sowieso alle beim *Volkssturm*, und wir sollen Gräben ausheben, damit die feindlichen *Panzer* stecken bleiben. Aber keiner weiß genau, was los ist.

***

Hier endet das erste Heft.
Nach einer Weile lässt Jessica es auf den Schoß sinken und starrt eine Weile gedankenlos vor sich hin. Sie hat Mühe, in die Wirklichkeit zurückzufinden.

Fast zwei Uhr. Zeit, in der Klinik anzurufen!
Während sie wählt, beginnt ihr Herz ganz hart zu schlagen.
»*Station* eins, bitte! Wie geht es Yolanda Lorenz?«
»Einen Moment!«
Dann kommt eine Frauenstimme.
»Der Arzt hat eben die Station verlassen. Die Operation ist seit einer halben Stunde beendet. Wir können aber keine Auskunft am Telefon geben. Das müssen Sie verstehen. Kommen Sie bitte morgen um neun.«

Die Operation beendet? Was bedeutet das? Dass es ihr gut geht? Dass vielleicht alles nicht so schlimm war?

---

der Volkssturm, ab September 1944: neue Soldaten im Alter von 16 bis 60 Jahren ohne oder mit sehr kurzer Ausbildung
der Panzer, schweres militärisches Fahrzeug, bewegt sich auf zwei breiten Ketten vorwärts
die Station, Abteilung in einem Krankenhaus

Wird sie aufwachen mit diesem leicht spöttischen Zug um den Mund? Wird sie lächeln über die *Bandagen*? Wird sie gleich die ersten Anweisungen geben fürs Geschäft? Und: »Reich mir mal den Spiegel. Wie sehe ich denn überhaupt aus?«

Jessica steht auf. Ihr ist wieder schlecht. Sie geht zum Fenster und öffnet es. Der Wind bringt Schneeluft. Vorfrühlingsschnee, nass und schwer.

die Bandage

Sie atmet tief.

Erst einmal schlafen. Sie braucht einen klaren Kopf morgen. Soll sie Pierre bitten, mitzukommen? Nein, lieber allein sein, wenn sie Ma sieht. Sie muss das durchstehen.

Im Eingangsbereich der Universitätsklinik ist viel los.

Männer und Frauen in Bademänteln, mit blassen Gesichtern, stehen vor dem Kiosk. Kaufen Zeitschriften, Kekse, Schokolade, ...

Hätte sie Blumen mitbringen sollen?

›Station eins, Haus zwei, erste Etage, links‹, zeigt der Lageplan an.

Jessicas Herz rast, als sie die Tür zur Abteilung öffnet. Übelkeit steigt in ihr auf. Eine junge Krankenschwester wirft ihr einen prüfenden Blick zu.

Das Zimmer des Arztes ist klein. Ein Händedruck zur Begrüßung. Jessica schaut ihn mit großen Augen an.

Was hat er gesagt? Hör zu, Jessica! Er redet mit dir.

»*Schädelbasisbruch*. Wir mussten den Schädel öffnen, um das Gehirn zu entlasten. Von den Blutungen ... Sie wissen ja sicher, dass so ein Bruch ...«
Nichts weiß sie, aber sie nickt.
Sie versucht ihn aufmerksam anzusehen, schafft es nicht.
Pass doch auf! Hör ihm zu! Du musst dich zusammenreißen!

»Es besteht Hoffnung«, sagt er, »trotz der Tiefe des *Komas*. Es kann aber Wochen oder Monate dauern. Und wenn sie dann aufwacht ... wie schon gesagt, die Hoffnung besteht.«
»Wird sie gesund sein, wenn sie aufwacht?«
Er sieht Jessica prüfend an.
»Möglicherweise muss sie alles neu lernen. Wie ein Kind.«
»Und was soll ich jetzt tun?«
Ihre Stimme klingt fremd. Angst steigt in ihr hoch.
»Besuchen Sie Ihre Mutter, so oft Sie können. Und haben Sie Geduld«.
Er steht auf, nimmt sie am Arm, führt sie durch einen Vorraum.
»Für die meisten ist der erste Anblick ein Schock«, sagt er.
Sie bekommt sterile Kleidung.
Dann betritt sie eine fremde Welt.

---

der Schädelbasisbruch, Knochenbruch in einem bestimmten Bereich des Schädels
das Koma, tiefe Bewusstlosigkeit, die nicht durch äußeres Einwirken unterbrochen werden kann

Das ist doch der Operationssaal, denkt Jessica verwirrt.

Sie sieht Maschinen, Schläuche, Behälter und dann erst die Kranken, die wie *Marionetten* auf hohen Betten liegen, Bildschirme daneben. Überall im Raum das leise Rauschen der *Beatmungsgeräte*.

Sie erkennt Ma an den schmalen Füßen. Am silbrigen Nagellack, den Ma gestern aufgetragen hat, den Telefonhörer zwischen Ohr und Schulter geklemmt.

Ma sieht aus, als sei sie tot. Vielleicht ist sie tot? Aber nein. Lichtsignale auf dem Bildschirm geben Auskunft über jeden Herzschlag, jeden Atemzug.

»Keine Verletzungen im Gesicht«, murmelt der Arzt hinter ihr. »Man wird ihr nichts ansehen.«

Als ob das ein Trost ist, denkt Jessica.

»Sie können sie ruhig anfassen«, sagt eine Krankenschwester, die den Blutdruck kontrolliert.

Jessica berührt vorsichtig die Hand der Mutter. Sie ist kalt und fremd.

Die starke Ma im Koma, hilflos.

Die sonst so passive Jessica neben ihr, wach und lebendig.

Jetzt sind die Rollen vertauscht.

Jetzt ist es umgekehrt, Jessica. Jetzt bist du dran!

»Ich möchte gehen«, sagt Jessica. »Ich werde dann immer gleich nach der Schule herkommen und den Nachmittag hier bleiben, wenn ich darf.«

die Marionette, hier: unbewegliche Gestalt
das Beatmungsgerät, Respirator

»Selbstverständlich.«

Wieder nimmt der Arzt sie am Arm und schiebt sie hinaus.

»Ist alles in Ordnung mit Ihnen?«, fragt er.

»Doch, natürlich«, sagt Jessica schnell.

Nur weg hier, allein sein! Sie muss erst mal wieder klar denken.

Dieses Rauschen im Ohr.

Was sagt er? Monatelanges Koma? Alles neu lernen wie ein Kind? Es bestehe Hoffnung?

»Da ist noch einiges zu erledigen«, sagt er, während sie ihm die Hand zum Abschied reicht. »Sie wissen ja, *Personalien*, Krankenkasse und so weiter.«

Eine Schwester erklärt ihr den Weg zur Verwaltung. Zweimal verläuft sie sich, muss nachfragen, bis sie die richtige Tür gefunden hat.

das Labyrinth

Auf dem Rückweg werden die Gänge zum *Labyrinth*. Jessica beginnt zu laufen, nimmt eine Abkürzung und hat endgültig die Orientierung verloren. Sie ist den Tränen nahe. Da taucht eine Gestalt im weißen Kittel auf.

»Entschuldigen Sie, ich hab mich verlaufen! Wo ist bitte der Haupteingang?«

die Personalien, Angaben über Name, Geburtsdatum, Familienstand, Beruf und Adresse

»Wo kommen Sie denn her?«, fragt der junge Mann lachend.

Jessica kann sich nicht länger beherrschen. Sie dreht sich zur Wand und weint.

»He!«, sagt der junge Mann leise und berührt vorsichtig ihren Arm. »Kann ich dir helfen? Soll ich dich nach Hause bringen? Ich habe gerade Dienstschluss.«

Jessica hält den Kopf gesenkt.

»Gut! Bis gleich«, sagt er.

Er kommt zurück, nun ohne weißen Kittel, in Jeans, Sweatshirt und alter Lederjacke, legt einfach den Arm um sie und führt sie durch einen Seitenausgang.

Jessica, die nicht gerade klein ist, reicht ihm knapp bis zum Schulter. Sie lehnt sich an ihn, fühlt sich schlapp.

»Bus oder U-Bahn?«

»Ich hab mein Auto da. Dort vorn, der rote Polo.«

Er lässt sie los.

Sie spürt, wie er auf Abstand geht und lächelt hilflos.

»Mein Geburtstagsgeschenk. Ich bin gestern achtzehn geworden. War meine erste Fahrt allein. Jetzt bin ich total fertig.«

»Vielleicht sollten wir erst mal einen Kaffee trinken? Dort im Café?«

Jessica nickt.

Sie trinkt den heißen Kaffee in kleinen Schlucken. Beide schweigen.

»Ich hab mich noch gar nicht vorgestellt«, sagt er

dann. »Stefan Fischer. Ich arbeite seit einem halben Jahr hier im *Ersatzdienst*. Sie setzen mich voll ein. Das ist eine gute Prüfung, ob man für den Beruf die Nerven hat. Manchmal bin ich total fertig. Ich arbeite in der Kinderklinik. Krebsstation.«

Jessica starrt ihn erschrocken an. »Das könnte ich nicht.«

»Hab ich auch erst gedacht. Aber man gewöhnt sich daran. Auf der Intensivstation ist es schlimmer.«

»Meine Mutter liegt seit gestern Abend da.«

»Autounfall?«

»Auf dem Weg vom Büro nach Hause. Meine Party hatte schon angefangen. Als das Telefon klingelte, hab ich gedacht, es ist das Übliche. Irgendetwas ist wieder dazwischen gekommen. Es war dann die Polizei. Das war wie ein Schlag. Seit dem Augenblick stehe ich total neben mir. Ich kann´s einfach nicht begreifen.«

Jessica atmet heftig, schnappt nach Luft.

»Das ist der Schock, das ist ganz normal. Noch einen Kaffee?«

»Danke, wäre nicht schlecht.«

Jessica schließt die Augen. Auf einmal ist sie so müde, dass sie auf der Stelle einschlafen könnte. Sie möchte weg von hier. Jemand anderer sein. Eine, die nur schnell auf dem Weg nach Hause noch einen Kaffee trinkt. Sie öffnet die Augen und sieht sich nach Stefan um.

Da steht er vor ihr, nimmt ihr den leeren Becher

---

der Ersatzdienst, Alternative zum militärischen Dienst bei der Bundeswehr ab und gibt ihr den neuen.

»Kennst du das«, klagt Jessica, »diese Panik! Das kommt wie in Wellen. Eine Weile ist alles in Ordnung und dann kommt diese Angst. Wie im Traum, wenn man nicht von der Stelle kommt.«

Stefan hält ihr den Becher an die Lippen, lässt sie trinken.

Er strahlt Ruhe aus.

»Sie haben ihren Kopf zusammen*geflickt*, aber kein Mensch kann sagen, was mit ihrem Gehirn passiert ist. Ob sie schwachsinnig wird oder gar nicht mehr aufwacht.«

»Du solltest erst einmal ein paar Stunden schlafen«, sagt Stefan. »Du siehst aus, als ob du gleich umfallen würdest. Soll ich dich fahren?«

»Danke. Meine Nerven sind am Ende.«

Jessica gibt ihm die Autoschlüssel.

Während sie zum Auto gehen, *vermeidet* sie es, zur Klinik hinüber zu schauen. Wolken jagen über den Himmel. Vom Horizont nähert sich neuer Schneeregen. Stefan fasst Jessica an der Hand und beginnt zu laufen.

»Königstraße fünf«, sagt sie, als sie im Wagen sitzen.

»Mitten in der City wohnt ihr? Kann man das aushalten?«

»Wegen des Ladens. Er ist unten im Haus.«

»Gehört euch das Haus?«

---

flicken, hier: operiert und zugenäht
vermeiden, etwas nicht tun

»Ist das so schlimm?«
»Ach was, für mich ist es nur ein bisschen exotisch.«
»Ich kann´s nicht ändern.«
»War nicht so gemeint. Wo soll ich parken?«
Jessica zeigt auf die Einfahrt zur Tiefgarage.

»Liegt günstig für mich. Nicht einmal hundert Meter zur nächsten U-Bahn. Ciao!«
Er läuft mit großen Schritten durch die Garage. Bevor er um die Ecke biegt, winkt er ihr noch einmal zu.

Die Stille in der Wohnung umgibt sie wie eine *Nebel*wand.
Jessica reißt die Jacke herunter, stürmt in ihr Zimmer, legt eine CD ein und dreht auf volle Lautstärke.
Sie lässt sich gerade ein heißes Bad ein, da klingelt das Telefon.
»Da bist du ja endlich! Ich versuche es seit Stunden«, sagt Pierre.
»Ich war in der Klinik. Da ist noch so viel zu erledigen, mit der Krankenkasse und so.«
»Kann ich mir denken. Und?«
Jessica erzählt, was sie in der Klinik erlebt hat.
»Ich werde mich gleich morgen um die Sache mit der Krankenkasse kümmern«, versichert Pierre. »Die Polizei hat auch noch ein paar Fragen an dich. Und dann sind da noch die Sachen aus dem Auto. Am besten, ich gehe mit zur Polizei, Jessica. Wann kann ich dich Montag abholen?«

| *der Nebel,* undurchsichtige, graue Luft wie eine Wolke

»Acht Uhr? Reicht das?«
»Gut. Kann ich noch was für dich tun?«
»Mach dir keine Sorgen um mich. Wenn was ist, weiß ich ja, wo ich dich finde. Ich werde erst mal schlafen. Bis Montag dann, Pierre. Und vielen Dank.«

Stunden später erwacht Jessica vom Klingeln des Telefons.

Draußen ist es dunkel. Schneeregen schlägt gegen die Fensterscheiben.

Noch ganz durcheinander nimmt sie den Hörer ab.
»Jessica Lorenz.«
»Polizeiinspektion dreiundzwanzig, Mayer. Fräulein Lorenz, ich rufe Sie an wegen des Unfalls, den ihre Mutter hatte.«
»Ich bin Montag morgen früh kurz nach acht bei Ihnen«, antwortet Jessica. »Pierre Nägli, der Geschäftsführer meiner Mutter wird mitkommen.«
»Ist in Ordnung«, sagt der Mann. »Inspektor Mayer, wenn Sie sich das bitte notieren. Dann bis Montag!«
»Auf Wiederhören.«

Jessica starrt in das Schneetreiben hinaus.

Dann geht sie zum Schreibtisch, nimmt sich das zweite Heft vom Regal und geht in ihr Zimmer zurück.

Vor ihrem Bett bleibt sie kurz stehen, dreht sich dann rasch um und läuft ins Schlafzimmer der Mutter hinüber. Im Halbdunkel legt sie sich in das breite Bett, presst ihr Gesicht ins Kopfkissen. Es riecht ein bisschen nach Ma, nach dieser

Mischung aus Nachtcreme und Parfum.
Jessica macht die Lampe an und beginnt zu lesen.

***

Eigentlich wollte ich nicht mehr schreiben.
Mutti soll tot sein! Bei einem Großangriff ums Leben gekommen! Ein Volltreffer hat das Haus von Tante Leni vollkommen *zerstört*. Ich kann es nicht glauben. Sicher war Mutti gar nicht zu Hause! Es hat sie ja niemand gefunden. Niemand hat gesehen, dass sie wirklich tot ist. Vielleicht ist längst ein Brief unterwegs, dass es ein Irrtum war …

*

Noch keine Nachricht. Vielleicht ist der Brief verloren gegangen. Bestimmt ist er verloren gegangen.

*

Eine Schwester vom *Roten Kreuz* hat mir die Sachen von Mutti gebracht. Mutti hat ihr gesagt, sie soll mich besuchen, falls ihr was passiert.
Wir haben uns am Bahnhof getroffen, und sie hat mir eine Stunde lang von Mutti erzählt.
Trotzdem kann ich das alles nicht glauben. Mein Kopf ist ganz leer. Ich fühle doch, dass Mutti lebendig ist. Wie kann sie dann tot sein?

---

zerstören, gewaltsam etwas kaputt machen
das Rote Kreuz, große Hilfsorganisation für humanitäre und medizinische Hilfe

***

Jessica lässt das Heft sinken.

Noch nicht mal zwölf warst du, Ma.

Wie ist es, wenn einer kommt und sagt, deine Mutter hat sich in Rauch und Feuer aufgelöst? War eben noch da und nun? Nichts mehr. Aus. Weg.

Du konntest es nicht glauben. Hast du es wirklich nicht geglaubt?

Könnte ich es glauben, wenn jetzt das Telefon klingelte und sie mir sagten, dass du tot bist?

Jessica stopft sich das Kopfkissen um die Ohren und kriecht unter die Decke.

Übelkeit breitet sich in ihr aus. Sie schlägt die Decke zurück, springt aus dem Bett und reißt das Fenster auf.

Ein paar tiefe Atemzüge, dann wird sie ruhiger. Geht zum Bett zurück und nimmt das Heft vom Boden.

***

Jetzt bin ich auch ein Flüchtling.

Gestern hörte ich, wie die Flüchtlinge darüber sprachen, dass unsere Stadt zur Festung gemacht wird und dass keiner mehr rauskommt. Da wusste ich, ich muss sofort weg.

Ich bin nach Hause gerannt und habe meinen Rucksack gepackt. Tante Martha hat nicht bemerkt, dass ich eine Wurst und Brot aus dem Keller genommen habe. Dann habe ich den Handwagen aus dem Schuppen geholt. Ich habe alles unter zwei Decken versteckt und Tante Martha gesagt, wir brauchen die Sachen in der Schule.

*

Als es dunkel wurde, habe ich mich unter die anderen Flüchtlinge gemischt. Es war ein großes Durcheinander. Alle wollten aus der Stadt raus.

Wir sind die ganze Nacht marschiert. Ich bin ganz
5 automatisch immer weitergegangen, wie eine Maschine. Irgendwann sind wir zu einer Sammelstelle gekommen. Sie haben uns heißen Tee gegeben. Jetzt liege ich in einer *Scheune* im Stroh.

Aber ich kann nicht schlafen. Weinen kann ich auch
10 nicht ...

*

Der *Treck* wird jeden Tag kleiner. Heute saßen wir zum ersten Mal fest. Eine Militärkolonne kam uns entgegen. Jemand brüllte: »Alles zur Seite. Macht schnell, an die Seite!«
15 Und dann war die Hölle los. Tieffliegerangriff. Die Flieger heulten über uns weg, Schüsse knallten und alle haben geschrien ...

Als die Flieger endlich weg waren, bin ich aus dem Straßengraben gekrochen. Es war unheimlich still
20 nach all dem Lärm. Eine alte Frau saß noch auf einem Wagen. Der Kopf hing ein bisschen, und aus ihrem Mund kam Blut.

Ich bin mit einigen bis zum nächsten Gutshof gelaufen. Wir waren die Ersten. Das war unser Glück. Sie

---

die Scheune, landwirtschaftliches Gebäude, meist zum Lagern von Heu und Stroh
der Treck, lange Reihe von Menschen, die auf Pferdewagen und zu Fuß flüchten

haben uns ein Matratzenlager in einer leeren Stube gemacht. Da war sogar ein Ofen drin. Es war warm und wir konnten unsre Sachen trocknen und uns waschen. Und dann haben wir noch Milchsuppe gekriegt und Schmalzbrote. Das war besser als alles, was ich jemals gegessen habe.

Ich bin sehr glücklich!

***

Den letzten Satz liest Jessica dreimal.
Glücklich.
Glücklich über ein Schmalzbrot und einen Teller Milchsuppe. Über einen warmen Ofen.
Nicht glücklich, dass sie noch lebt.
Nein, das Mädchen Yolanda ist glücklich, über die Wärme, die heiße Suppe, das Schmalzbrot.

***

Ich marschiere jetzt mit Maria. Sie ist mit fünf Kindern unterwegs. Die Kleinen sind tapfer und brav trotz der Kälte, aber wir kommen nur langsam voran. Drei andere Familien gehen mit uns. Wir verstehen uns gut und helfen einander. Und weil wir nicht so viele sind, finden wir leichter einen Bauern, der uns für eine Nacht aufnimmt und uns etwas zu essen gibt.

Wir leben wie Tiere im Wald, wandern von Futterplatz zu Futterplatz. Wenn die Kontrollen die vielen Kinder sehen, lassen sie uns meistens in Ruhe …

Lieber Gott, mach, dass Mutti noch lebt. Es könnte doch sein.

*

Die Straßen werden immer voller. Soldaten, Flüchtlinge, ein riesiges Durcheinander. Die beiden großen Kinder haben hohes Fieber und Husten. Wir sind bei einer alten Bäuerin untergekommen. Sie hat Platz genug und wir können ihr auf dem Hof helfen.

*

Jetzt sind auch die Kleinen krank. Wir müssen auf jeden Fall länger hier bleiben. Ich glaube, Maria will hier auch gar nicht mehr weg.
    Wenn ich ganz ehrlich bin, muss ich zugeben, dass ich immer weniger daran glaube, dass Mutti noch lebt. Vielleicht haben das die vielen toten Menschen gemacht, die ich auf unserer Flucht gesehen habe. Ich versuche, einfach nicht daran zu denken. Das Beste ist, wenn man überhaupt niemanden lieb hat ...

*

Fast einen Monat habe ich nichts mehr aufgeschrieben. Maria und ich arbeiten von früh bis spät auf dem Hof. Der Krieg ist nun vorbei, und wir haben es kaum gemerkt.
    Alle haben weiße *Laken* aus den Fenstern gehängt und das Vieh in die Ställe getrieben. Wir haben uns in die Küche gesetzt und gewartet. Wir haben ein Brummen gehört und dann waren sie da. Eine endlose Reihe von Jeeps, Lastwagen und Panzern.
    Später kam ein Jeep auf den Hof gefahren. Vier

| *das Laken,* Betttuch

Soldaten stürmten rein, zwei waren Neger. Sie durchsuchten das ganze Haus, aber als sie merkten, dass da wirklich nur Frauen und Kinder sind, fuhren sie wieder davon.

Am nächsten Tag sind wir ins Dorf. Die Amerikaner haben den Gasthof besetzt. Sie geben den Dorfkindern Schokolade und Bonbons. Ich habe gehofft, mir schenkt auch einer was, aber ich bin ihnen wohl schon zu groß. Ich bin ja jetzt auch schon dreizehn und fast so groß wie Maria. Wenn wieder genug zu essen da ist, werde ich mein Leben lang keine Mehlsuppe mehr anrühren, auch nicht, wenn Zucker drauf ist.

Die Amerikaner haben Brot, das ist schneeweiß! Und Orangen! Und sie schmeißen alles weg, was nur ein kleines bisschen *angeschimmelt* ist. Das holen wir uns dann aus den *Mülltonnen* ...

*

Maria hat einen amerikanischen Sergeanten kennen gelernt. Er holt sie abends ab und geht mit ihr zum Tanzen. Er ist nett und bringt uns immer was zum Essen mit.

Ich bin glücklich. Es ist Sommer und wir haben Frieden.

Ach, ich fühle mich stark! Mir kann nichts mehr Angst machen nach den Bombennächten und der Flucht und den Fliegerangriffen ...

Wenn nur Mutti noch da wäre!

***

angeschimmelt, mit einem weißlichen Überzug, weil es zu alt ist
die Mülltonne, Behälter für Abfälle

Jessica wacht auf. Neben ihr brennt die Nachttischlampe, ihr Gesicht liegt auf dem Heft. Draußen ist es schon hell.

Es schneit nicht mehr. Der Himmel ist hellgrau und erinnert sie an die Klinik.

Schnell frühstücken und dann sofort zu Ma fahren. Vielleicht geht es ihr heute schon besser? Ma ist stark. Je länger Jessica darüber nachdenkt, desto sicherer ist sie, dass Ma auf dem Weg der Besserung ist.

Aber die Mutter liegt genau so da, wie sie sie verlassen hat.

Jessica setzt sich zu ihr ans Bett.

Es ist schwer, nicht nach rechts und links zu schauen, zu den anderen schwerkranken Patienten.

Wie schaffen die Krankenschwestern das?, denkt Jessica. Die ganze Hektik, der Stress. Keinen der vielen Apparate lassen sie aus den Augen. Da ist keine Zeit für ein tröstendes Wort.

Nach zwei Stunden fühlt Jessica sich so erschöpft, dass sie geht.

Stundenlang läuft sie durch die Straßen, ehe sie nach Hause fährt.

Dort zieht sie sich ins Bett der Mutter zurück wie auf eine Insel und liest weiter in den Heften.

Das Telefon klingelt. Jessica taucht ganz langsam aus ihrer Versunkenheit auf. Das Krankenhaus? Lieber Gott, lass es nicht das Krankenhaus sein!

»Ja, hallo?«

»Jess, bist du´s? Mann, warum nimmst du nicht ab? Wie geht´s deiner Mutter, alles okay?«

Ehe sie antworten kann, redet Caroline schon weiter. »Du, wir treffen uns alle bei Mario zu einer Pizza. In einer halben Stunde an unserm Stammtisch, alles klar?«

»Ich weiß nicht, ich ... «

»Klar kommst du mit!«, schreit Pit. »Und hinterher gehen wir alle zu mir. Meine Alten sind nicht da.«

»Also, in einer halben Stunde!«, ruft Caroline und hängt ein.

Jessica starrt den Hörer an. Sie hat keine Lust aus dem Haus zu gehen. Aus der Intensivstation könnte jemand anrufen.

Und dann, die Tagebücher! Es ist wie ein *Sog*, der von ihnen ausgeht.

Sie geht ins Badezimmer.

Während sie mit ihrem Gesicht ganz nah vor dem Spiegel ist, hat sie plötzlich das Gefühl, sie existiere zweimal. Sie ist Yolanda, aber zugleich auch Jessica.

In der Pizzeria sitzt die Clique um den gewohnten Tisch bei Lambrusco und Cola. Sie füttern sich gegenseitig mit Pizza. Ihr Lachen dringt bis auf die Straße hinaus.

Jessica findet einen Platz halb auf Carolines Schoß. Toni schiebt ihr ein Glas Wein hin.

Gabi und Sabine diskutieren heftig über einen neuen Haarschnitt. Pit zieht einige Videos aus der Tasche. Er steht auf Katastrophenfilme. Und so was wie Krieg der Sterne.

| *der Sog*, starke Anziehungskraft

Die anderen steigen voll ein. Feuersturm, explodierende Lastwagen, brennende Menschen auf der Flucht, dazu der richtige Sound.
Wahnsinn! Echt gut gemacht!
5 Axel erzählt einen Film in allen Einzelheiten.
Sabine und Gabi streiten sich.
Helmut jammert darüber, dass er kein Geld hat. Und wie immer sagt Toni, er solle sich doch einen Job suchen.
10 »Was? Arbeiten auch noch? Bei dem Schulstress?«

Die Sätze rauschen an Jessica vorbei.
Pit ist schon beim dritten Glas Wein. Sein Blick bleibt an Jessica hängen.
15 »Eigentlich bist du zu beneiden, Jessi. Du bist achtzehn, deine Mutter im Krankenhaus. Da kannst du doch jeden zweiten Tag *blaumachen*. Ich dagegen … «
Sabine unterbricht ihn, will Genaueres über den
20 Unfall hören.
Aber Jessica hat keine Lust zu reden.

Die anderen sind inzwischen beim Thema Schule.
Die Methoden des neuen Deutschlehrers, wie zu Opas Zeiten! *Grass*, ›*Die Blechtrommel*‹, sollen sie
25 lesen und nur drei Monate Zeit! Der spinnt doch, wie soll man das schaffen!
Bis zum Abitur hat Jessica noch drei Jahre.

---

blaumachen, nicht in die Schule oder zur Arbeit gehen, weil man keine Lust hat
Grass, Günter, deutscher Schriftsteller, geb. 1927
Die Blechtrommel, bekannter Roman von Grass, 1959

Abitur muss sein, klar, irgendwann. Aber sie hat es nicht eilig damit. Hat in den letzten Jahren zweimal eine Klasse wiederholt.

Sie geht eigentlich nicht ungern zur Schule. Mit der Clique ist es nie langweilig. Und sie braucht sich ums Geldverdienen keine Gedanken zu machen.

Später braucht sie keinen Finger zu rühren. Der Laden läuft von allein, ist absolut krisensicher.

Plötzlich hält Jessica es nicht mehr aus. Der Lärm wird unerträglich.

»Seid nicht böse, ich muss nach Hause.«

Sie zahlt und hat es eilig, auf die Straße zu kommen. Schaut sich gar nicht mehr um.

Draußen hat der Schneeregen wieder angefangen.

Während sie die Wohnungstür hinter sich schließt und das Licht anmacht, hat sie das Gefühl, in eine schützende Höhle zu kommen.

Ma ist überall. In jedem Gegenstand, den sie ausgewählt hat. Nichts ist dem Zufall überlassen. Jede Form, jede Farbe ist Teil der Harmonie. Der hingeworfene Seidenschal, die Zweige in den Vasen, die Möbel, die Bilder.

»Das soll schön aussehen und mir gefallen«, sagt Ma, wenn sie eine Schale zurechtrückt.

Komisch, denkt Jessica. Wie oft ist mir das zu viel gewesen.

Jetzt ist es anders.

Jetzt ist die Wohnung eine Insel der Schönheit. Alles Hässliche ist ausgesperrt. Sie spürt den Halt, den die schöne Welt geben kann.

Sie bürstet ihr Haar, holt Ma´s Hefte und setzt sich in den großen Sessel.

***

Im November geht die Schule wieder los. Nur jeden zweiten Tag ein paar Stunden, aber trotzdem, ich habe überhaupt keine Lust. Finde es wichtiger, dass ich für uns was zu essen beschaffe. *Hamstertouren* kann man nur machen, wenn man früh losfährt. Nach der Schule ist es zu spät.

*

Ich bin so oft wie möglich zum Hamstern unterwegs. Es ist nicht leicht, etwas zum Tauschen zu finden. Die Bauern nehmen alles, was wertvoll ist. Aber wir haben ja nichts. Wenn ich die Kleinen mitnehme, kriege ich mehr. Die Bauern haben Mitleid mit so mageren Kindern ...

*

Ich habe einen ganzen Rucksack voll Obst und zwei Pfund Mehl bekommen! Diesmal habe ich ein paar Stunden Äpfel gesammelt. Dafür durfte ich dann auch bei ihnen mitessen. Brote mit Schmalzfleisch und frische Milch. Hinterher war mir schlecht. Mein Magen ist so was nicht mehr gewöhnt ...

Die Schule ist schrecklich. Wir sind nur drei Flüchtlinge. Die anderen sind von hier. Es sind keine Bücher

die Hamstertour, sich bei Bauern Lebensmittel beschaffen, meist durch Tauschgeschäfte

da. Wir kriegen alles diktiert und schreiben stundenlang. Zu Hause müssen wir das dann lernen ...

*

Der Lehrer hat mit mir geschimpft, weil ich die Schule *schwänze*. Ich habe ihm gesagt, was ich davon halte. Er hat nur traurig geschaut und mich gefragt, was aus mir werden soll.

Weiß ich nicht, hab ich gesagt, aber es genügt, dass ich weiß, was ich will. Denn ich bin stark und dumm bin ich auch nicht. Und eines Tages werde ich genug zu essen und schöne Kleider haben. Ich werde durch die ganze Welt reisen, viele Bücher lesen, Musik hören.

Du träumst, Kind, hat er gesagt. Vielleicht. Aber ich weiß, das wird alles eines Tages Wirklichkeit sein.

Eher gebe ich nicht auf ...

***

Jessica steht auf und streckt sich. Halb zwei.

Der Schneeregen hat aufgehört. Nur einzelne Wolken ziehen über den Himmel. Dort hinten muss die Klinik liegen. Links die Intensivstation. Ma an Schläuchen und Behältern, zwischen den tickenden und rauschenden Maschinen.

»Du musst gesund werden, hörst du!«, sagt Jessica und presst Stirn und Hände gegen die Fensterscheibe. »Du darfst nicht sterben! Wir müssen noch viel miteinander reden!«

| *schwänzen,* nicht zur Schule gehen

Das Polizeirevier liegt in der nördlichen Vorstadt.
Jessica und Pierre betreten den Flur. Sie sitzen auf einer Holzbank und warten, bis Polizeiinspektor Mayer Zeit für sie hat.

5 Er liest die persönlichen Daten der Mutter vor.
Pierre sitzt hinter ihr, bereit zu helfen, wenn sie nicht weiter weiß.
»Ja, das stimmt alles«, sagt Jessica und nickt.
Polizeiinspektor Mayer macht eine Pause, schaut
10 sie prüfend an.
»Hat Ihre Mutter mal über Selbstmord gesprochen?«
»Was?«
»Selbstmord. Ich meine, wollte sie sich das Leben
15 nehmen?«
»Nein, nie! Warum?«
»Bitte, regen Sie sich nicht auf. Wir müssen das fragen. Nach den *Zeugen*aussagen könnte es so aussehen. Hatte Ihre Mutter geschäftliche Sorgen?«
20 »Aber wir hatten doch gerade miteinander telefoniert«, antwortet Jessica heftig. »Sie rief mich an, weil sie ein bisschen verspätet war. Wir hatten eine Party. Sie freute sich auf den Abend!«
Hätte ich das nicht sagen sollen?, überlegt Jessica.
25 Glaubt man nun, dass sie zu schnell gefahren ist?
»Muss meine Mutter vor Gericht, wenn sie wieder gesund ist?«
»Das nehme ich an. Zwei Personen sind schwer, fünf sind leicht verletzt worden. Sie muss mit einer
30 Anklage rechnen.«

> *der Zeuge,* jemand, der z.B. einen Vorgang beobachtet hat und davon berichten kann

Jessica starrt den Mann an. Sie fühlt, wie sich tief in ihr eine große Wut ausbreitet.
Pierre ist aufgesprungen.
»Frau Lorenz ist eine ausgezeichnete und vernünftige Autofahrerin! Vielleicht ist einfach ein Reifen plötzlich *geplatzt*?«

»Das versuchen wir festzustellen«, antwortet der Polizeiinspektor, »so weit es überhaupt möglich ist. Das Auto ist ja ziemlich … «
Dann steht er auf und holt etwas aus einem Schrank. »Die konnten wir sicherstellen.«
Jessica erkennt die Handtasche der Mutter.

Während sie das Protokoll unterschreibt, sieht sie die Fotos. »Darf ich?«
»Sieht nicht sehr schön aus.«
Pierre schaut ihr über die Schulter. »Ein Wunder, dass sie da überhaupt lebend rausgekommen ist.«
»Wenn man das lebend nennen kann«, sagt Jessica.

In der Intensivstation fühlt sie sich wie in einem Traum. Alles ist so unwirklich.
Spürt Ma ihre Hände?
Dringt etwas von der Berührung in ihre Bewusstlosigkeit ein? Von dem, was sie ihr sagen möchte: »Ich bin bei dir. Ich warte auf dich. Du musst leben, weil ich dich brauche. Weil ich dir noch so viel zu sagen habe. Wir haben so lange keine Zeit mehr gehabt füreinander.«

| *platzen, hier:* durch Druck von innen in Stücke gerissen werden

Stunden später verlässt sie Ma, total erschöpft.
Sie fragt sich nach Stefans Station durch. Mit ihm zu reden wäre jetzt gut. Aber Stefan hat heute frei.

Zu Hause trinkt Jessica einen heißen Tee und setzt sich an den Schreibtisch der Mutter. Sie sortiert die Post, wirft *Werbung* in den Papierkorb. Privatpost bekommt Ma selten.

Dann nimmt sie sich den Terminkalender vor. Pierre hat ihr eine Liste mit Punkten zusammengestellt, die sie erledigen muss.

Nach einer Stunde legt sie den Terminkalender zur Seite und holt ihre Schulmappe. Sie denkt darüber nach, was morgen auf dem Stundenplan steht und sucht Bücher und Hefte zusammen. Das hat sie schon immer erst in letzter Minute gemacht.

Dann nimmt sie einen Bogen Briefpapier. Wie schreibt man sich selbst eine Entschuldigung?

›Mein Fehlen am Montag, dem sechsundzwanzigsten, bitte ich zu entschuldigen. Wegen des Unfalls meiner Mutter hatte ich dringende *Behörden*gänge zu erledigen.
Jessica Lorenz.‹

Perfekt! Das könnte Ma geschrieben haben.

Ich werde jetzt immer an ihrem Schreibtisch arbeiten, denkt Jessica. Irgendwie fühle ich mich gut hier. Komisch, eigentlich liegt mir so was doch gar nicht.

die Werbung, Reklame
die Behörde, öffentliche Institution

Sie trägt noch ein paar eigene Termine in den Kalender ein.
Dann kriecht sie ins Bett der Mutter.

Das letzte Heft ist anders.
An den Rändern sind ganz viele Zeichnungen und Skizzen von Kleidern. Hinten liegen Zeitungsausschnitte, Modefotos, Rezepte. Alles Dinge, von denen die hungrige Yolanda von damals träumte.

***

Wir haben wieder Wasser. Mit den Lebensmitteln wird es immer schwieriger. Es gibt abwechselnd Erbsensuppe und Kohlrübensuppe, alles nur mit Wasser gekocht. Man kann fünf Teller davon essen und wird nicht satt.

In der Schule habe ich zwei Portionen *Schulspeisung* von den anderen geschenkt gekriegt, weil wieder mal Würmer drin waren und die anderen sich ekeln. Ich fische sie raus. Giftig sind sie ja nicht.

*

Ich war in einem Konzert. Ganz berühmte Solisten. Sie haben sich zusammengetan und spielen überall, wo es einen Saal gibt. Bei uns haben sie in der Aula gespielt: Haydn, Mozart, Beethoven, Schubert. Ich konnte den ganzen Abend kein Wort mehr sagen, so schön war es ...

*

Schulspeisung, Versorgung der Schüler und Lehrer mit warmen Mahlzeiten im Nachkriegsdeutschland

Weil es nicht genug Zeitungspapier gibt, legt unsere Lehrerin jetzt Bücher als Klopapier hin. Jetzt ist Hermann Hesse dran. Das passt mir gar nicht. Ich muss immer stundenlang auf dem eiskalten Klo bleiben, nur damit ich so viel weiterlesen kann, wie an dem Tag verbraucht wird ...

*

Ich bin zum ersten Mal im Theater gewesen! Wir mussten die Mäntel anlassen, weil nicht geheizt ist. Und hinterher habe ich ganz schön gefroren. Aber es war wundervoll!

*

Ich bin wahnsinnig verliebt! Er heißt Tonio und ist Soldat in der Army. Amerikaner natürlich. Er ist neunzehn. Tonio hat mich nach meinem Namen gefragt und gesagt: »Oh, that's beautiful!« Ich habe mich entschuldigt für mein schlechtes Englisch, aber er meinte, es wäre »very good« und er wünschte, er könnte so gut Deutsch. Dann musste er leider weg. Hoffentlich sehe ich ihn wieder.

*

Habe Tonio gesehen, aber nur von Weitem. Er hat mir zugewinkt und »Hallo!« gerufen.

*

Eine ganze Stunde mit Tonio zusammen gewesen. Er hat mich in meinem Baum entdeckt, in dem ich mein

Versteck habe. Ich hab gesagt: »Hier kommst du doch nicht rauf.« Und schon war er oben.

Er hat von seinem Zuhause erzählt, von seinen Eltern und Geschwistern. Er hat mir auch Fotos gezeigt. Wir verstehen uns wahnsinnig gut. Morgen will er wiederkommen!

*

Tonio hat gesagt, ich sei ein »very nice girl«, und dann hat er mich geküsst. Er war fürchterlich verlegen und ich auch. Er ist dann schnell gegangen, und ich habe stundenlang auf meinem Baum gesessen und an ihn gedacht.

***

Yolanda, vierzehn Jahre alt, verliebt!

Vor Jahren hat Ma einmal von ihm gesprochen, diesem Tonio. Ein strahlend lächelnder Sieger in Uniform. Er duftete nach Reichtum und Sattsein. Das machte ihn liebenswert für das magere Mädchen.

Flüchtlingskind im ausgewaschenen Kleid, das süchtig war nach jedem Stückchen von diesem Paradies, nach einer Tafel Schokolade, nach weißem Brot und den bunten Magazinen aus Amerika.

Jessica sieht sie vor sich, wie sie mit katzenartiger Geschwindigkeit in den Baum hinaufklettert, wie sie Tonio anlächelt.

***

Tonio ist nicht wiedergekommen! Seine *Einheit* ist verlegt worden. Warum hat er mir nicht einen Brief

| *die Einheit,* Gruppe von Soldaten

zum Abschied geschrieben oder wenigstens seine Adresse?

Ich träume Tag und Nacht von ihm. Er muss zurückkommen, er muss!

*

Liebeskummer hat auch was Gutes: Ich schreibe nur noch *Einser*. Ich arbeite wie eine Verrückte, nur um nicht an Tonio zu denken. Jetzt mögen mich die Mädchen in meiner Klasse noch weniger als vorher. Babys! Ich tue einfach, als wären sie Luft ...

*

Ich wünschte, ich könnte hier weg. Am liebsten würde ich bis ans andere Ende der Welt gehen ...

*

Jetzt haben sie eine Tauschzentrale eröffnet. Jeder kann hinbringen, was sich zum Tauschen eignet. Am nötigsten brauche ich Zeichenpapier! Und Stifte!

Ich nähe mir einen Wintermantel aus einer alten Militärdecke. Die Farbe ist nicht sehr schön, aber ich habe den Schnitt in einer amerikanischen Zeitschrift gesehen.

*

Alle fragen mich, wo ich den tollen Mantel her habe!

| *die Eins,* beste Note in der Schule

Ich bin wirklich stolz darauf. Jetzt werde ich mir fürs Theater ein Kleid aus einer alten Couchdecke nähen. Mein größter Traum wären Nylonstrümpfe!

*

Eine Ewigkeit habe ich nichts mehr aufgeschrieben. Bin einfach zu müde. Am ersten Weihnachtstag wurde ich krank. Erst seit einer Woche bin ich wieder auf. Am liebsten würde ich Tag und Nacht schlafen ...

*

Ich habe mir einen Jahresplan gemacht. Was ich in diesem Jahr erreichen will. Allmählich fühle ich mich wieder stark ...

*

Es riecht immer mehr nach Frühling, und ich habe viele Ideen im Kopf, welche Kleider ich nähen könnte. Wenn ich nur wüsste, wo ich Stoff herkriege ...
 Ich gehe so oft wie möglich ins Kino. In den amerikanischen Filmen haben sie so fantastische Kleider. Ich zeichne mir hinterher sofort alles genau auf. Und dann erfinde ich eigene Modelle.
 Sonst habe ich nur das Gefühl, das Leben wird immer trauriger. Die ewige Schule, das Schlange stehen, der Kampf um die nötigsten Dinge. Grau, grau, grau ist alles. Wenn ich mich nicht in meine Bücher flüchten könnte, ins Kino, manchmal ins Theater und Konzert, ich würde allen Mut verlieren!

*

Wieder ein Neujahrstag mit vielen Vorsätzen und noch mehr Wünschen. Meine Vorsätze habe ich mir auf einem großen Blatt Zeichenpapier übers Bett gehängt. Auf ein kaputtes Laken habe ich bunte Stoffreste genäht und daraus einen Vorhang um mein Bett gemacht. Es sieht aus wie ein Himmelbett und ist drinnen wie eine Höhle. Der einzige Platz, an dem ich allein sein kann ...

*

Alle reden von einer *Währungsreform*, die bald kommen soll. Dann kriegen wir neues Geld, und alles soll besser werden ...

***

Als Jessica den nächsten Tag in die Intensivstation kommt, liegt Ma genauso da, wie sie sie gestern verlassen hat.

»Keine Veränderung«, sagt die Krankenschwester und bietet ihr einen Stuhl an.

Jessica setzt sich, will der Schwester nicht im Wege sein.

Sie legt die Hände leicht auf Ma´s Füße.

»Du siehst aus, als ob du nur schlafen würdest. Als ob du jeden Augenblick die Augen öffnen würdest. Kann ich dich überhaupt erreichen? Hörst du mich? Ich will daran glauben!

---

die Währungsreform, 1948 wurde die DM eingeführt. Jeder bekam 40 DM und dadurch gab es wieder Kaufkraft und Waren

In der Firma ist alles okay. Pierre hilft mir. Und bald weiß ich, wie das alles läuft. Ich werde Termine machen, Banküberweisungen ausfüllen, den Haushalt machen und was alles so anliegt.

Mit der Schule wird sich einiges ändern. Ich will keine Zeit mehr verlieren, will das Abitur hinter mich bringen. Bis jetzt waren mir meine schlechten Noten so egal wie die ganze Schule. Und heute ist es, als ob ich von einem anderen Stern auf mein Leben herunterschaue.

Vielleicht kommt das von den Tagebüchern, von deinen Heften. Ich hoffe, du bist mir nicht böse, dass ich sie gelesen habe. Das ist komisch. Seit ich sie lese, sehe ich mich doppelt. Einmal bin ich ich selbst und dann wieder du.«

»Das ist gut«, sagt die Krankenschwester, die auf den Bildschirm schaut.

»Was? Wie bitte?«, fragt Jessica verwirrt.

»Das Reden. Das ist gut. Möglich, dass Ihre Mutter Sie hört. Auch wenn sie im Koma liegt.«

»Habe ich geredet?«

»Ja, geflüstert. Vielleicht hört sie Ihnen ja zu.«

»Meinen Sie? Ich weiß nicht. Manchmal aber ist es, als ob sie mit ihren Füßen gegen meine Hände drückt.«

»Das kann schon sein. Manchmal können Patienten später genau sagen, worüber man geredet hat. Übrigens, da ist eine Nachricht von einem jungen Mann. Er hat in einer halben Stunde Dienstschluss.«

Eine halbe Stunde später geht Jessica zur Kinderstation, wo Stefan arbeitet.

Am Ende des Ganges stehen bunte Kindermöbel. Vier Kinder sitzen über ein Brettspiel gebeugt, lachen, *necken sich*. Mitten unter ihnen Stefan.
Er sieht sie sofort.
»He, Jessica, komm, spiel mit. Ich habe noch kurz etwas zu tun.«
Jessica zögert.
Wie spielt man mit todkranken Kindern?
Sie vermeidet es, die kraftlosen Beine, die fast kahlen Schädel der Kinder anzuschauen.
»Ich habe lange nicht mehr ›Mensch-ärgere-dich-nicht‹ gespielt«, entschuldigt sie sich.
Dann aber lässt sie sich von der Begeisterung der Kinder anstecken und verfolgt gespannt den Würfel.

»Schade, jetzt müssen wir zurück in die Betten«, sagt das eine Kind. »Spielen wir morgen wieder?«
»Klar, wenn ich Zeit habe!«
»Super!«

»Wie hältst du das aus?«, fragt Jessica, als sie mit Stefan im Café sitzt. »Die Kinder. Die Krankheit. Wissen, dass einige von ihnen sterben müssen?«
»Am Anfang war ich total fertig. Ich konnte mit niemandem normal reden. Aber dann habe ich begonnen, von ihnen zu lernen.«
»Von den Kindern?«
»Ja, ich bin froh, dass ich dort sein darf. Du müsstest mal sehen, wie sie versuchen, ihre Eltern zu trösten. Wie sie den Schmerz runterspielen … «
Jessica schaut ihn an.

| *sich necken,* jemanden aus Spaß ein wenig ärgern

»Erzähl mir mehr!«

Stefan wird ganz verlegen vor Freude.

»Na ja, zuerst war es der totale Schock. Aber dann habe ich verstanden, dass ich wirklich was für sie tun kann. Nichts Großartiges. Einfach mit ihnen spielen, ihnen zuhören. Irgendeinen Blödsinn machen, wenn es ihnen nach der Chemotherapie schlecht geht. Dass einer da ist, verstehst du, wenn man sich so plötzlich ganz allein fühlt. Dieses Loch, in das man da fällt.«

Jessica verkriecht sich in ihre Jacke, will es sagen und doch auch wieder nicht. »Kommt mir irgendwie bekannt vor.«

»Komisch, die Kinder mochten mich vom ersten Tag an. Es gab überhaupt keine Probleme. Ich weiß nicht warum.« Dann schaut er erschrocken auf die Uhr.

»Das darf nicht wahr sein, schon halb sieben. Ich soll um sieben da sein.«

»Wo denn?«

»Beim Treffen der Friedens*initiative*. Hast du Lust mitzukommen? Dann können wir in deinem Wagen fahren.«

»Bist du politisch aktiv?«

»Ich setz mich für den Frieden ein. Also, was ist, kommst du mit?«

»Ich fahr dich hin, aber dann ... Ich hab schon eine andere Verabredung. Vielleicht das nächste Mal.« Jessica redet sich raus.

Er findet das ganz normal, drängt sie nicht weiter.

die Initiative, Gruppe von Menschen, die in ihrer freien Zeit gemeinsam für ein bestimmtes, meist politisches Ziel arbeiten

Eigentlich könnte sie mitgehen, kein Problem. Wenn sie nur nicht diese Angst hätte, *sich zu blamieren*.

»Du kannst mir ja morgen erzählen, wie es war und worüber ihr gesprochen habt.«

»Klar.«

Während Jessica die Wohnungstür aufschließt, hört sie das Telefon klingeln.

»Mann, wo steckst du die ganze Zeit?«

Caroline. Und die Stimmen der anderen im Hintergrund.

»Ich war im Krankenhaus. Wo sonst?«

»Die ganze Zeit? Geht es ihr denn besser? Ist sie wieder wach?«

»Nein. Alles unverändert.«

»Tut mir echt leid, du. Also, was ist nun. Kommst du mit? Spätestens um acht müssen wir da sein.«

»Wo denn?«

»Im City-Palast. Das Konzert! Mann, das gibt´s doch nicht! Hast du das vergessen?«

»Hab ich. Total. Entschuldige, aber ich komme nicht mit. Ich möchte zu Hause bleiben.«

»Wegen deiner Mutter?«

»Ja, nein, ich muss auch noch meine Hausaufgaben machen.«

»Die kannst du nachher von mir abschreiben. Nun mach schon!«

»Nein. Grüß die anderen.«

»Bist du krank?«

---

sich blamieren, sich lächerlich machen, weil man etwas nicht weiß

»Viel Spaß«, sagt Jessica. »Wir sehen uns morgen.«
Würde ihr echt gut tun, mal rauszukommen, hört sie schon Caroline zu den anderen sagen. Seit das mit ihrer Mutter passiert ist, ist sie total verändert. Das bringt doch nichts, immer zu Hause …

Jessica zieht die Stiefel aus und schiebt sie in eine Ecke. Jeans und Pulli fliegen über einen Stuhl.
Sie hüllt sich in Ma´s Bademantel und zieht sich mit dem letzten Heft in den großen Sessel zurück.

***

Ein Wunder ist geschehen! Sie haben die Währungsreform gemacht. Jeder hat vierzig Mark bekommen, egal ob er reich oder arm ist.
Die Schaufenster waren plötzlich voll mit Sachen, die man jahrelang nicht gesehen hatte. Wo kommt das alles her? Ich muss unbedingt Geld verdienen. Jetzt wo es alles wieder gibt, möchte ich mir so viel kaufen.

*

Es hat geklappt. Ich soll für ein Modegeschäft nach einem ganz einfachen Schnitt schicke Blusen nähen. Habe auch ganz viel französische und englische Modemagazine geschenkt bekommen....

*

Komme nur noch wenig zum Lesen, das ist schade.
Wenn bloß die Schule nicht wäre! Reine Zeitverschwendung.

Seit ich ein eigenes Zimmer habe, freue ich mich jeden Tag aufs Nachhausekommen. Auch wenn Mutti nicht mehr da ist.

Jeden Tag nehme ich mir vor, abends noch zu schreiben, aber dann bin ich doch zu müde. Auch fürs Theater und Konzerte habe ich keine Zeit mehr. Das muss ich mir für später aufheben. Genau wie das Reisen. Davon träume ich am meisten!

Wenn ich genug Geld habe, werde ich mir alles ansehen. Frankreich, Italien, England, Irland, die Schweiz und Dänemark. Ich schneide alles aus, was darüber in Zeitschriften steht, und während ich nähe, gehe ich in Gedanken auf große Fahrt.

*

Über vier Wochen war ich krank. Der Arzt sagt, mein Magen hätte wegen des vielen fetten Essens einfach gestreikt nach der langen Hungerzeit.

Überall fangen sie jetzt an, die Häuser wieder aufzubauen.

*

Keine Stromsperre, niemand redet von Sparen. Alles ist echt, vom Honig bis zum Leder. Es war das schönste Weihnachtsfest! Ich glaube, alle haben fünf Pfund zugenommen.

Eigentlich habe ich für das neue Jahr nur einen ganz großen Wunsch: Ich möchte eine Reise machen!

*

Endlich! Ich darf von der Schule runter und kann in Abendkursen weitermachen. Tagsüber werde ich in eine Schneiderlehre gehen …

*

Komme nicht mehr zum Schreiben, zum Lesen, kaum schaffe ich die Abendschule. Die Lehre in der Schneiderei ist hart. Wir müssen fast täglich Überstunden machen. Die anderen Lehrmädchen machen mir das Leben schwer, weil ich abends in die Schule muss. Dauernd ist etwas verschwunden, was ich gerade brauche. Aber wer mich kleinkriegen will, der muss schon früher aufstehen.

*

Guten Tag, Hunger! Das Geld reicht hinten und vorne nicht, seit ich nichts mehr durch das Blusennähen verdiene. Um mein Essen muss ich mich selbst kümmern. Esse fast nur Brötchen und ein bisschen Obst. Manchmal kaufe ich mir eine Wurst oder eine Tafel Schokolade.
    Eines Tages werde ich genug Geld verdienen. Dann kaufe ich mir alles, worauf ich Appetit habe!

*

Habe eben beim Aufräumen dieses Tagebuch gefunden. Ich hatte es schon fast vergessen. Wenn ich mein Zimmer betrete, schaffe ich gerade noch die zwei Meter bis zum Bett, dann schlafe ich schon.
    Die letzten Monate vergingen so schnell. Ich mer-

ke kaum, welche Jahreszeit wir haben. Arbeit - Hunger - Lernen - Hunger - Arbeit.

*

Neujahr 1950. Was für eine Nacht! Überall haben sie das halbe Jahrhundert gefeiert. Als draußen das Feuerwerk losging, habe ich mich auf mein Bett gesetzt und laut meine guten Vorsätze vor mich hingesagt:

Ich werde reich und berühmt werden! Ich werde alles erreichen, was ich mir vorgenommen habe. Ich werde in die Oper und ins Theater gehen und die schönsten Kleider von allen tragen! Ich werde eine erfolgreiche Frau!

***

Damit endet das Heft.
Ein Gefühl von Trauer überkommt Jessica.
Es ist fast Mitternacht.

Sie schließt die Augen, lässt sich von einer *Zeitmaschine* in die Vergangenheit versetzen.
Sie sieht sich in der Schneiderstube an der Nähmaschine. Das Licht der Arbeitslampen, den Becher mit kaltem Kaffee auf dem Fensterbrett.
Niemand spricht mehr um diese Zeit. Stumm arbeiten sie vor sich hin, die Schneiderinnen und Lehrmädchen. Längst haben sie die Schuhe von den *geschwollenen* Füßen gestreift.

> *die Zeitmaschine*, eine (erfundene) Maschine, mit der Personen in die Vergangenheit oder Zukunft „reisen" können
> *geschwollen*, dick geworden wegen Überbelastung

Dann endlich »Machen wir Schluss. Gute Nacht!«
Der Weg durch die stillen Straßen zum letzten
Bus. Das Frieren.
Der Augenblick, wenn sie die Tür zu ihrem Zimmer öffnet. Das Bett, daneben die Modezeitschriften, die Bücher, Berge von Zeichnungen.
Eine *Kerze* auf dem Tisch, ein schöner alter Teller, zwei Äpfel darauf.

Langsam steht Jessica auf, geht, das Heft an sich gepresst, ins Schlafzimmer. Sie lässt den Bademantel hinter sich auf den Boden fallen und kriecht wieder ins Bett ihrer Mutter.

Der Französischlehrer fängt Jessica schon vor dem Klassenzimmer ab. Er macht ein sorgenvolles Gesicht. Gerade jetzt hätte er ihr gern eine bessere Nachricht gebracht, aber leider - wieder eine Fünf!
Jessica bleibt *gelassen*. Er könne beruhigt sein, sie werde es schon schaffen.
Ich könnte meine Hausaufgaben mit ins Krankenhaus nehmen, denkt sie. Und dann werde ich Ma erzählen, was wir durchnehmen. Dabei lerne ich es.

Die junge Ärztin ist gerade aus dem Urlaub zurück. Jessica mag sie sofort.
Sie stehen im Ärztezimmer am Fenster und reden wie alte Freunde. Jessica erzählt von der Mutter, von ihrem gemeinsamen Leben, auch von den Schulproblemen.

die Kerze, siehe Zeichnung auf Seite 68
gelassen, hier: ganz ruhig, nicht nervös

»Ich will Ihnen keine falschen Hoffnungen machen«, sagt die Ärztin, »aber ich habe, was Ihre Mutter betrifft, ein gutes Gefühl. Auch wenn sich bis jetzt nichts geändert hat. Ich möchte Ihnen einen Vorschlag machen. Sie könnten den Schwestern den einen oder anderen Handgriff abnehmen. Vielleicht spürt Ihre Mutter, wenn sie von der eigenen Tochter gepflegt wird.«

»Glauben Sie, dass ich das kann?«

»Warum nicht? Eine Schwester ist immer in der Nähe, falls Sie Probleme haben.«

Als Jessica später bei Ma sitzt und ihre Hände auf die schmalen Füße legt, beginnt sie sofort zu erzählen.

»Eine Fünf in Französisch«, sagt sie leise. »Tut mir leid. Es ärgert mich. Na, jedenfalls passiert mir das nicht noch mal. Heute früh hättest du mich sehen sollen: Beim Frühstück hab ich sogar die Zeitung gelesen. Weil ich es zu dumm fand, sie jeden Tag ungelesen in den Papierkorb zu schmeißen. Toll, nicht?

Seit ich deine Tagebücher gelesen habe, denke ich wahnsinnig viel über uns beide nach. Sie sind sehr wichtig für mich.

Ich versuch, mir den Hunger vorzustellen, Hunger nach Essen, nach Wärme, nach schönen Dingen. Ich schließe die Augen und versuche, um mich herum nur Trümmer zu sehen, Hässlichkeit, Armut. Aber so richtig gelingt mir das nicht.

Ist alles so geworden, wie du es dir damals erträumt hast? Aber warum arbeitest du dann immer noch so viel? Du hast doch alles, was du dir damals gewünscht hast.«

»Entschuldigen Sie, ich wollte Sie nicht belauschen«, sagt die Ärztin hinter Jessica und beginnt, ihre Kontrollen zu machen. »Ihre Mutter war überbelastet, nicht wahr?«

»Ich weiß nicht«, antwortet Jessica. »Sie war voller Energie, strahlte immer. Sie hat genau das Leben geführt, das sie führen wollte. Sie war immer voller Pläne.«

Die Ärztin schweigt nachdenklich.

Sie schaut Ma an, das blasse Gesicht, die mädchenhafte Figur.

»Ich zeige Ihnen jetzt, was Sie machen können«, sagt sie dann und erklärt Jessica die Funktionen der verschiedenen Schläuche und Apparate. Danach verlässt sie das Zimmer.

Krankenpflege, hat Jessica immer gedacht, ist etwas, das ich nie machen könnte. Einen kranken Körper anfassen, waschen - undenkbar.

»Das schaffen wir schon«, sagt Jessica zu ihrer Ma. »Rollentausch. Du bist das Kind, und ich bin die Mutter. Wenn du hier rauskommst, wirst du sehr schwach sein. Ich werde dich stützen, und wir gehen jeden Tag ein Stück weiter. Sie sagen, dass du vielleicht auch das Sprechen wieder lernen musst. Zusammen schaffen wir das. Du hast mir immer gesagt, ich soll mich anstrengen, kämpfen. Aber wofür ich kämpfen soll, hast du mir nicht gesagt. Du hast mir meine Bequemlichkeit vorgeworfen. Aber du hast mir ja auch alles gegeben, bevor ich es mir wünschen konnte. Wie sollte man da nicht bequem werden?«

Plötzlich gibt es Alarm. Die Frau im Bett neben Jessicas Mutter hat einen Herzstillstand.

Jessica hört Zurufe und eilige Schritte hinter der *Abschirmung*. Sie kämpfen um die Frau, wollen sie zurückholen.

Das Sterben gleich nebenan dringt in Jessicas Bewusstsein wie ein Schmerz.

»Du gehst aber nicht, nicht wahr? Du verlässt mich nicht! Du weißt, dass ich dich brauche«, flüstert sie.

Stefan holt sie auf der Station ab.

»Wir essen heute bei mir zu Hause«, erklärt er. »Meine Mutter freut sich darauf, dich kennen zu lernen. Der Rest der Familie natürlich auch.«

»War das deine Idee?«

»Nein«, lacht er, »ich hab von dir erzählt, da meinte sie: ›Das arme Mädchen! Sitzt nach der Schule den ganzen Nachmittag bei ihrer Mutter und hat sicher seit Tagen nichts Vernünftiges gegessen.‹«

»Stimmt genau«, sagt Jessica.

Sie fahren aus der Stadt hinaus in einen Vorort.

Stefan fährt durch mehrere Seitenstraßen und hält schließlich vor einem Haus, das sich hinter hohen Bäumen versteckt.

»Wie viele Geschwister hast du eigentlich?«

»Drei, einen kleinen Bruder und zwei Schwestern.«

---

die Abschirmung, flaches hohes Gebilde, das zwischen den Betten der Patienten aufgestellt vor neugierigen Blicken schützt

Stefans Mutter ist im Garten. Sie sieht aus wie eine verkleinerte Ausgabe von ihrem Sohn.
»Schön, dass ihr da seid!«, sagt sie. »Ihr könnt schon mal mit dem Kochen anfangen. Ich hab hier noch zu tun.«
»Papa schon da?«
»In der Werkstatt.«
»Komm.« Stefan geht mit Jessica zur Werkstatt hinüber.
Alles an Stefans Vater ist rund.
Er lacht ihr zu und klopft Stefan zur Begrüßung auf die Schulter.
»Wir müssen uns jetzt ums Essen kümmern«, sagt Stefan und zieht sie mit in die Küche.

Das Gespräch am Tisch ist lebhaft. Alle diskutieren aufgeregt und laut.
Jessica fühlt sich überflüssig. Sie kommt sich dumm vor.
Während Stefan sie später nach Hause fährt, schweigen sie lange.
»Wie hat es dir bei uns gefallen?«, fragt Stefan schließlich.
»Gut.«
»Aber?«
»Na ja, das ist eine fremde Welt für mich! Weil ich überhaupt nicht mitreden kann.«
»Hast du dich gelangweilt?«
»Nein! Ich hab mich total wohlgefühlt, ehrlich!«

Wie eine dumme kleine Schwester. Aber das sage ich nicht. Denn ich möchte nicht, dass du mich als kleine Schwester siehst, Stefan, ich möchte, dass du jetzt anhältst und mich in die Arme nimmst.

»Was ist mit deinem Vater?«, fragt Stefan nach einer Weile. »Deine Eltern sind geschieden, ja?«

»Schon eine Ewigkeit. Ich glaube, Ma war fast erleichtert, als er ging. Sie waren zu verschieden.«

»Fehlt er dir nicht?«

»Nein. Ich habe ihn ja kaum erlebt.«

»Hat sie einen anderen? Einen Freund?«

»Nichts Ernstes. Es ist nicht wichtig für sie.«

»Das meinst du!«

»Nein, ehrlich. Sie hat es mir mal erklärt. Sie war sieben, als ihr Vater in den Krieg ging, und elf, als er in Russland fiel. In ihrer Kindheit und auch später haben nur Frauen eine Rolle gespielt.«

»Und wie ist es mit den Männern in deinem Leben?«

»Ich weiß nicht. Was bin ich denn für dich?«

Stefan lässt sich viel Zeit mit seiner Antwort. »Du, du bist etwas Wunderschönes!«

Er küsst sie leicht auf die Nasenspitze und den Mund.

»Gute Nacht, Jessica.«

»Danke für das Nachhausebringen. Nimm das Auto mit. Ich brauche es nicht. Komm morgen zu mir zum Essen!«

Stefan kommt am nächsten Tag in die Wohnung und pfeift erst mal durch die Zähne.

Geht schweigend von Zimmer zu Zimmer.

»Nobel, nobel. So was wollte ich schon immer mal sehen.«

Jessica fühlt sich angegriffen.

»Ist nicht meine Wohnung. Ich habe sie nicht eingerichtet.«
»Ich will nicht sagen, dass ich hier leben möchte. Ist mir zu künstlich. Aber irgendwie auch schön.«
»Freut mich.«
»Nun sei nicht gleich sauer! Wollen wir uns was zu essen machen?«

Sie gehen in die Küche und Stefan schaut in den Kühlschrank.
»Sehr gut! Eier, Schinken und Käse. Hast du Spaghetti da?«
Er findet sofort den richtigen Topf dafür.
»Machst du den Salat?«
»In der Küche bist du wohl Profi, wie?«, fragt Jessica.
»Mir macht das Kochen einfach Spaß. Weil ich so gern esse. Und du? Wenn du allein bist?«
»Ich esse Joghurt, Brot und *Aufschnitt*. Oder etwas aus der Dose. Ich gebe ja zu, dass ich vom Kochen keine Ahnung habe.«
Dafür ist sie im Tischdecken perfekt. Sie stellt zu den Servietten farblich passende Kerzen auf und daneben einen zartrosa *Blütenzweig* in einer weißen Vase.
»Du bist deiner Mutter doch ähnlich?«
»Ich weiß nicht. Wer ich bin, weiß ich nicht. Früher habe ich darüber nicht nachgedacht, aber jetzt ...«

der Aufschnitt, verschiedene, in Scheiben geschnittene Wurst- oder Käsesorten
der Blütenzweig, siehe Zeichnung auf Seite 68

»Jetzt versuchst du, es herauszufinden.«
»Ja, nur finde ich es nicht.«

Nachdem Stefan den Rest der Spaghetti zwischen ihnen aufteilt hat, beginnt er, Jessica Fragen zu stellen.

Er fragt nach Zukunftsplänen, nach ihrer Lieblingsmusik, was sie gern liest ...

Ganz verwundert stellt Jessica fest, dass sie auf die meisten seiner Fragen keine Antwort weiß. Nur, »Ma soll gesund werden, alles andere ... soll bleiben, wie es ist.«

In diesem Augenblick läutet es Sturm. Jessica springt auf und läuft zur Tür.

Ein paar aus der Clique, Pit, Caroline und Oliver drängen herein. Wollten sie einfach mal rausholen, sie auf andere Gedanken bringen.

Dass Jessica nicht allein ist, irritiert sie und macht sie zugleich neugierig.

»Wie wär´s mit einem Cappuccino? Oder Kino?«, fragt Caroline und zählt einige Filme auf

Einen Augenblick lang ist es ganz still.

»Ich hab auch jede Menge Videos zu Hause«, sagt Pit. »Auf dem Weg zu mir schauen wir nochmal im ›Number five‹ rein. Und wenn da nichts läuft, gehen wir ins ›Magic‹.«

Stefan wirft Jessica einen fragenden Blick zu. »Unsre Stammkneipen«, sagt sie unsicher. »Warst du noch nie da?«

»Na, also«, ruft Oliver. »Auf, Leute. Dieses Rumsitzen nervt mich total.«

Rumsitzen tun sie allerdings auch im ›Number five‹.
Die laute Musik macht jede Unterhaltung unmöglich.
 Stefan versucht es mit Brüllen und Zeichensprache. Deutet mit dem Finger zur Tanzfläche. Aber die ist überfüllt.
 Schließlich steht er auf und winkt ihr zum Abschied zu.
 Jessica folgt ihm nach draußen.
 »Du gehst schon?«
 »Höchste Zeit für mich. Muss morgen sehr früh zum Dienst.«
 »Es gefällt dir hier nicht, oder?«
 »Ist ganz lustig. Bisschen laut.«
 »Gehst du nie in Discos?«
 »Selten. Ich finde es schöner mit einer richtigen Band, die auch mal eine Pause macht. Dann kann man reden.«

Stefan rennt los. Jessica schaut ihm nach.
 An der Straßenecke winkt er ihr noch einmal zu.
 Er lässt mich stehen, denkt sie. Warum nimmt er mich nicht einfach an die Hand und sagt: »Komm, wir gehen«!

»Dein neuer Freund ist schon weg? Ist irgendwas?«, fragt Oliver, der gerade an der Tür vorbeigeht.
 »Was soll schon sein? Er hat morgen Frühdienst. Ich geh auch. Grüß die anderen und sag ihnen Bescheid, okay?«
 »Wenn´s sein muss. Ciao, Jessi.«

Zu Hause setzt sie sich an den Schreibtisch und nimmt das Foto von Ma in die Hand. Das Rhodos-

Foto. Das lachende, braun gebrannte Gesicht, von wehenden Haaren umrahmt.

Was soll ich tun, Ma? Ich weiß überhaupt nichts mehr. Ich hab das Gefühl, ich hätte in den letzten Tagen unheimlich viel gelernt, aber dann komme ich mir wieder dümmer vor als je zuvor. Warum wachst du nicht endlich auf, damit ich mit dir reden kann?

In diesem Augenblick geschieht etwas, unerwartet und heftig.

Ein Gedanke, versteckt, weggesperrt, plötzlich ist er da.

›Woher willst du wissen, dass ich wieder aufwache, Jessica?

Woher willst du wissen, dass ich dir dann zuhören kann?

Was ist, wenn ich morgen gestorben bin? Oder wenn ich mit fremden Augen auf dich schaue, Augen, die nichts begreifen?‹

Jessica hält sich Augen und Ohren zu, aber das Bild bleibt.

Sie weint, immer verzweifelter. Sie bekommt kaum Luft. Wieder ist diese riesige Angst da!

Stefan! Stefan muss kommen!

Sie wählt seine Nummer, hat Glück.

Er ist sofort am Apparat.

»Wovor hast du Angst, Jessica?«

So eine Frage!

Ihr sei zum ersten Mal klar geworden, wie verlassen sie sei. Kein Mensch, der sich um sie kümmere.

»Doch, Jessica«, sagt Stefan ganz ruhig. »Es ist jemand da.«

Jessica hält den Atem an. Jetzt müssen die Worte kommen. Die ausgebreiteten Arme: ›Ich, Stefan bin da und werde dich beschützen.‹

Aber diese Worte kommen nicht.

»Du hast einen Menschen, der dir hilft, Jessica. Du hast dich selbst! Ich will dir nicht wehtun. Aber du musst deinen Weg selbst finden. Du bist doch kein Kind mehr, das schreit, bis jemand kommt. Ich weiß, wie dir zumute ist. Aber es hilft nichts, Jessica. Du musst Angst und Schmerzen annehmen.«

»Hast du das bei deinen Kindern im Krankenhaus gelernt?«, fragt Jessica bitter.

»Vielleicht. Jedenfalls habe ich begriffen, dass Schmerz und Angst genauso Teile meines Lebens sind wie Freude und Glück.«

»Warum kommst du nicht her und hilfst mir?«

»Das hätte keinen Sinn, Jessica. Gute Nacht!«

»Gute Nacht! Und entschuldige, dass ich angerufen habe!«

Jessica lässt sich vom Stuhl auf den Boden gleiten.

Sie weint, erst wütend, dann hilflos.

Hin und wieder lauscht sie zur Wohnungstür hin. Vielleicht kommt er ja doch noch und lässt sie in ihrer Verzweiflung nicht allein?

Aber nichts geschieht.

Irgendwann nach Stunden fühlt sie sich ganz leer. Sie hat keine Tränen mehr.

Um etwas zu tun, durchsucht sie den Schreibtisch der Mutter.

Ein weißer Karton macht sie neugierig. Er enthält Postkarten, Briefe, Zeitungsausschnitte und Fotos.

Die Zeitungsartikel berichteten über Modeschauen, Gründungen von Filialen in anderen Städten, Ausstellungen in den Räumen des Modehauses ›Yolanda‹ und über Ma´s erste Arbeit als Kostümbildnerin.

Dazwischen liegt eine Heiratsanzeige. Elegant, ein ovales Doppelblatt mit zwei lächelnden Gesichtern und den Namen darunter: ›Wolfgang und Yolanda‹.

Jessica überfliegt die Briefe, liest hin und wieder einige Zeilen, … ›Es tut mir so leid, dass es nun zum dritten Mal nichts mit Weihnachten wird. Aber der Beruf geht vor. Ich arbeite fieberhaft … ‹

Keine Zeit mehr. Nie mehr Zeit.

Dafür ist die Firma gewachsen. Neue ›Yolanda‹ - Läden.

Da liegt die Geburtsanzeige: ›Unsere Tochter Jessica‹. Mit Fotos und Zeichnungen. Das Baby schlafend, das Baby trinkend, in der Badewanne.

Auf einer der Postkarten steht: ›… Ich freue mich so, Jessica bald wieder zu sehen. Sie fehlt mir. Wenn ich sie doch mitnehmen könnte …‹

»Jessica! Mach doch auf! Hörst du mich nicht!«

Jessica reibt sich die Augen. Sie liegt auf dem Teppich in einem Berg von Postkarten und Zeitungsausschnitten.

Draußen läutet es Sturm. Jemand hämmert an die Tür.
Stefan.

»Moment, ich komme!«
»He, ich hab mir Sorgen gemacht! Hab gedacht, wir können schnell noch miteinander frühstücken, bevor ich zum Dienst muss.«
Stefan geht an ihr vorbei und stellt Wasser auf.
»Wo ist der Kaffee?«
»Lass, ich mach schon.«

Im Wohnzimmer hat Stefan die Tassen auf den Tisch gestellt.
»Was ist denn hier passiert? Großes Aufräumen?«
»Alte Sachen von Ma.«
Stefan hilft ihr, die Zeitungsausschnitte und Briefe einzusammeln. »Sollen die alle in den Kasten hier?«
Er schüttelt ihn leicht und nimmt den Deckel ab.
»Was ist denn das?«
Jessica starrt auf das kleine Pferd in seiner Hand. Auf den roten Samt.
Lange bringt sie kein Wort heraus.
»Es gehört Ma«, sagt sie schließlich mit leiser Stimme.

Stefan streichelt dem Pferdchen mit dem Zeigefinger über den Rücken.
»Armer kleiner Kerl.«
In Jessica steigt eine Welle von Zärtlichkeit auf.
Spontan fällt sie Stefan um den Hals.
Er sagt nichts.
Drückt sie nur ganz fest an sich.

»Sie ist so unruhig heute«, murmelt die Krankenschwester.

Jessica versucht an ihrem Gesichtsausdruck abzulesen, was sie denkt. Ist es ein gutes Zeichen? Ein schlechtes?

»Kann natürlich das Wetter sein. Diese plötzliche Wärme. Wenn was ist, bitte rufen Sie mich sofort.«

»Natürlich!«

Jessica setzt sich wie gewohnt zu Ma´s Füßen und legt ihre Hände um die schmalen *Knöchel*.

»Hast du Schmerzen? Deine Füße sind so kalt. Heute ist Sonntag, keine Schule. Es ist schön draußen. Am liebsten würde ich dich hier raustragen! Stell dir vor, in Deutsch habe ich eine Zwei geschrieben! In Physik hab ich auch eine Zwei und in Französisch eine Drei. Macht mir sogar Spaß, das Lernen. Pierre lässt dich grüßen. In der Firma läuft alles bestens. Aber sie vermissen dich alle!«

Die Mutter ist zusammengefahren, nur ein wenig, aber Jessica hat es doch gespürt.

Von jetzt an schweigt sie, massiert nur Ma´s Füße.

Nach einigen Stunden will sie gehen, tritt nah ans Bett heran und zieht unter dem sterilen Kittel das kleine Samtpferd hervor.

Ihr Herz klopft, sie zögert.

Was wird das Personal dazu sagen? Schmutz! Staub!

Dann schiebt sie blitzschnell das Pferdchen in die Hand der Mutter und schließt ihre Finger darum.

| *der Knöchel,* schmalster Teil des Beines oberhalb des Fußes

Da hört sie Schritte, will es wieder an sich nehmen.
Aber Ma hält ihre Hand fest geschlossen.
»Gib es mir!«, flüstert Jessica. »Sie würden es dir nur wegnehmen. Es wartet zu Hause auf dich.«
Es gelingt ihr, die Finger der Mutter zu lösen. Das Pferdchen verschwindet wieder unter dem Kittel.
»Ich geh jetzt. Stefan und ich wollen einen Waldspaziergang machen. Ich erzähl dir morgen davon. Gute Nacht, Ma.«

Auf Stefans Station ist viel los. Alle Kinder haben heute Besuch bekommen.
Stefan sieht erschöpft aus.
»Ist was passiert?«
»Erzähl ich dir später. Komm!«
Er lässt sich den Autoschlüssel geben, fährt aus der Stadt hinaus und immer weiter.

Es ist fast dunkel, als er anhält.
Schweigend gehen sie einen Feldweg entlang in Richtung Wald. Stefans Schritte verraten seine innere Unruhe.
»Jan wird heute Nacht sterben«, sagt er. »Es ging plötzlich ganz schnell. Er liegt schon seit Stunden im Koma. Seine Eltern sind bei ihm. Ich weiß, er wäre nicht mehr gesund geworden, aber trotzdem hofft man immer, dass ein Wunder geschieht.«

Jessica wollte von Ma erzählen. Dass sie so unruhig war. Und von dem Pferdchen. Aber sie traut sich nicht.
Lange laufen sie durch die Dunkelheit. Atmen

tief den Duft des Waldes ein. Endlich bleibt Stefan stehen.
»Jetzt geht es mir besser. Komm, laufen wir zurück!«

In der Wohnung setzen sie sich mit gefüllten Tellern in der Hand auf den Fußboden.
Stefan legt Musik von Mozart auf.
»Ich hab die ganze Nacht gelesen, Briefe und Zeitungsauschnitte«, sagt Jessica. »Irgendwann bin ich dann darüber eingeschlafen. Ich hab übrigens auch ihre Tagebücher gelesen. Ich konnte gar nicht mehr aufhören. Verstehst du das?«
»Ich glaube schon. Erzähl mir davon.«
»Zum ersten Mal denke ich über uns nach. Über unser Leben. Warum wir so sind, wie wir sind, sie und ich. Langsam begreife ich, wie das alles angefangen hat bei ihr. Woher dieser Wunsch nach Schönheit, nach Erfolg gekommen ist.«
»Erzähl weiter!«
»Irgendwo zwischen Bomben, Hunger, Kälte und Angst ist er entstanden, dieser leidenschaftliche Wunsch, aus allem rauszukommen und nie wieder dahin zurück zu müssen.«
»Und wie ist es bei dir?«
»Genau das Gegenteil. Ich war von Anfang an überfüttert mit allem. Als ob man vor einem riesigen Büfett steht. Man weiß nicht, was man nehmen soll. Schon beim Anschauen wird einem schlecht. Und so bleibt man einfach stehen und nimmt gar nichts. Ma hat mal gesagt, sie will mehr als alles. Aber vielleicht will sie nur etwas anderes. Vielleicht ist all das, was sie erreicht hat, gar nicht

das, was sie wollte. Kann das sein, Stefan?«

»Das könnte sein. Man muss das erst selbst erleben, glaube ich.«

Er hebt mit dem Zeigefinger Jessicas *Kinn* an, sodass er ihr in die Augen sehen kann.

»Ich möchte, dass du hungrig wirst. Auf etwas, das das Gegenteil ist von Haben.«

Nachdem Stefan gegangen ist, geht Jessica an den Schreibtisch der Mutter. Sie legt das Samtpferdchen in den Karton zurück.

Dann holt sie die letzten ungelesenen Postkarten und Zeitungsartikel heraus.

Über die Trennung vom Vater steht nirgends ein Wort.

In einem Kalender stehen die vielen Termine. Für die Tochter sind am Morgen eine halbe Stunde und ein paar weitere Stunden am Wochenende reserviert. Sonst *hetzt* sie von der Stadtwohnung zum Büro, zum Laden, zum Flugzeug, zu den Hotels und wieder zurück. Privatleben findet meist am Telefon statt.

Jessica stellt den Karton in die Schublade. Eine Schreibmappe, die sie ihrer Mutter vor drei Jahren zu Weihnachten geschenkt hat, liegt ganz hinten.

Sie zieht die Mappe heraus.

Ich will an Ma schreiben!, denkt sie. Einen Brief, in dem ich ihr alles sage, worüber ich nachdenke.

Sie sucht nach einem Kugelschreiber, schlägt den Block auf.

Die erste Seite ist beschrieben! Mit Ma´s Schrift.

Meine kleine, große Jessi!
In drei Tagen wirst du achtzehn.

Ich weiß so wenig von dir. Ohne, dass ich es gemerkt habe, sind unsre Wege in verschiedene Richtungen gelaufen. Jetzt habe ich Mühe, dich zu finden.

Drei Tage noch und ich habe meine Rechte als Mut-

| *hetzen,* in großer Eile sein

ter verloren. Der Gedanke macht mir Angst. Vielleicht willst du ausziehen, dein eigenes Leben führen, frei sein? Du bist erwachsen, brauchst mich nicht mehr. Ich darf mir nicht mal anmerken lassen, dass ich darüber traurig bin.

Ich habe mir so sehr gewünscht, eine Tochter zu haben. Alle Schätze der Welt wollte ich ihr in den Schoß legen. Sie sollte all das besitzen, was ich als Kind vermisste. Ein Königreich für meine Tochter. Jetzt stehe ich da, und was ich dir geben wollte, scheint nichts zu sein als eine Seifenblase.

Achtzehn Jahre. Wie konnte es geschehen, dass sie vorbei sind und nichts davon blieb?

Das ist kein Geburtstagsbrief, du würdest mich höchstens auslachen.

Recht hast du.

Woran man sein Herz hängt, das verliert man.

Seit meiner Kindheit habe ich versucht, mich vor diesem Schmerz zu schützen und nun ...

Hier bricht der Brief ab.

Plötzlich erinnert sich Jessica an ihr letztes Telefongespräch am Abend ihres Geburtstages.

»Sei mir nicht böse, Liebes. Ich konnte es einfach nicht ändern. Ein Kunde ist später gekommen. Ich beeile mich!«

»Ach, lass dir Zeit«, hatte sie geantwortet und in einer Mischung aus Partylaune und ein bisschen Enttäuschung hinzugefügt: »Wir amüsieren uns auch ohne dich. Schließlich bin ich ja ab heute erwachsen.«

Ich hab das nicht so gemeint, Ma.

Das war nur so dahingesagt.

Klar war ich ein bisschen sauer, dass du es nicht einmal an meinem Geburtstag schaffst, pünktlich zu sein.

Eine große Traurigkeit überfällt Jessica..

Sie geht in ihr Zimmer. Seit Tagen hat sie es nur betreten, um an den Kleiderschrank zu gehen. Jetzt sieht sie fast verwundert auf die Poster an den Wänden, auf die Souvenirs, die vielen Zeitschriften, das Schminkzeug und die schmutzige Wäsche am Boden.

Sie beginnt, die Poster von den Wänden zu reißen. Holt einen Müllsack und stopft alles hinein. Räumt Schmuck und Schminkzeug fort. Steckt die Wäsche in die Waschmaschine.

Erst als das Zimmer aussieht, als wäre sie ausgezogen, hört sie auf.

Zuletzt nimmt sie noch das romantische Mädchenbett auseinander. Nur die Matratze lässt sie auf dem Fußboden zurück.

Schrank, Schlafplatz, Schreibtisch und Stuhl, einen Platz für die Bücher.

Mehr braucht sie nicht.

Und morgen wird sie alles weiß streichen.

*

Als sie am nächsten Tag aus der Schule kommt, ruft jemand aus dem Krankenhaus an. Sie solle sofort kommen.

Jessica zittert so, dass sie ein Taxi nimmt. Der

Taxifahrer schaut sie prüfend an, so weiß ist ihr Gesicht.
»Nicht sterben, Ma, nicht sterben!«, tönt es in ihrem Kopf.

Auf der Intensivstation herrscht Alarmstufe eins. Drei neue Fälle.
Jessica schaut durch die Glasscheibe. Dort wo Ma gestern lag, liegt jetzt eine andere Frau.
Sie muss sich festhalten.
In ihren Ohren rauscht es. Ihr ist, als ob ihr Kopf zerspringen müsse.
»Jessica, da sind Sie ja!«, sagt hinter ihr die Ärztin. »Ihre Mutter ist auf Sieben. Gehen Sie nur, ich komme, sobald ich hier weg kann.«

Sieben ist ein ganz normales Krankenzimmer. Privatstation, erste Klasse.
Eine Krankenschwester steht am Kopfende. Sie schüttelt das Kissen, stellt das Kopfteil höher, redet wie zu einem Kind.
»Mit dem Sprechen klappt es noch nicht so ganz. Das müssen Sie erst alles wieder lernen, nicht wahr, Frau Lorenz?«, sagt die Schwester.

Jessica wartet, bis die Schwester gegangen ist. Dann holt sie sich einen Stuhl. Sie setzt sich ganz nahe ans Bett und nimmt die Hand der Mutter, die jetzt ohne Schläuche ist.
»Ma, Ma, bist du wach?«
In dem Momenmt betritt die Ärztin das Zimmer.
»Hat sie Sie erkannt?«
»Ich weiß nicht. Vielleicht.«

Jessica sucht im Gesicht der Mutter nach einer Antwort, nach einem Lächeln, einem Nicken.

Doch Ma schaut sie an, als sei sie mit ihren Gedanken sehr weit weg.

»Haben Sie was zu schreiben da?«

Die Ärztin gibt Jessica einen Block und ihren Kugelschreiber. Sie legt den Block vor Ma hin und schiebt ihr vorsichtig den Stift in die Hand.

»Mal mir einen Baum, Mamina. Bitte, mal mir einen Baum!«

Die Mutter fasst den Stift.
Sie schaut auf den Block.
Jessica hebt ihn ein wenig an, stützt ihn.
Dann wiederholt sie ihre Bitte.

Ma zieht die Stirn *kraus*.

Sie sieht aus, als versucht sie, sich an etwas zu erinnern.

Sie setzt den Stift unten an, zieht eine Linie nach oben. Daneben eine zweite und dritte, eine vierte und fünfte. Alle Striche laufen in einem Stamm zusammen. Oben teilen sich die Striche wieder und bilden eine Baumkrone.

Dann fällt ihr der Stift aus der Hand.
Der Kopf sinkt erschöpft zur Seite.

Jessica malt mit dem Zeigefinger die Linien des Baumes nach. Sie muss die Zähne zusammenbeißen, um nicht loszuheulen vor Freude.

Die Ärztin legt ihr die Hand auf die Schulter.

| *kraus,* so dass kleine Falten entstehen

»Ich freue mich für Sie, Jessica. Wir freuen uns alle. Viel Glück!«

»Schlaf jetzt, Ma«, sagt Jessica leise.
»Ich bleibe bei dir. Morgen zeichnen wir die Blätter an unserem Baum. Wir haben viel Zeit. Der Frühling fängt erst an.«

Fragen

Jessica

Wie feiert Jessica ihren Geburtstag?
Wie reagieren ihre Gäste auf die Nachricht, dass ihre Mutter einen Autounfall hatte?
Was macht Jessica in der Wohnung, während sie auf den Anruf vom Krankenhaus wartet?

Woran denkt sie?
Wer ist auf den Fotos, die auf dem Schreibtisch stehen, zu sehen?
Warum zögert Jessica, bevor sie das erste Heft mit den Tagebuchaufzeichnungen liest?

Was sagt der Arzt am nächsten Tag über den Zustand der Mutter?
Warum findet Jessica den Ausgang nicht?
Was erzählt Stefan über sich und seine Arbeit?

Warum trifft sich Jessica mit ihren alten Freunden, obwohl sie dazu eigentlich keine Lust hat?
Worüber wird geredet?
Was empfindet Jessica bei der Rückkehr in die Wohnung?

Welche Gefühle hat Jessica auf dem Polizeirevier?
Was erledigt Jessica am Schreibtisch ihrer Mutter?
Was erzählt Jessica ihrer Mutter, während sie am Krankenbett sitzt?

Worüber reden Jessica und Stefan im Café?
Warum macht Jessicas Französischlehrer ein sorgenvolles Gesicht?
Was schlägt ihr die Ärztin vor?

Wie fühlt sich Jessica bei Stefans Familie?
Was will Stefan von Jessica wissen?

Warum gehen sie mit Jessicas Freunden in die Disco?

Was passiert mit Jessica beim Zurückkommen in die Wohnung?
Was bringt sie ihrer Mutter am nächsten Tag mit?
Warum ist Stefan so erschöpft und unruhig, während sie einen Waldspaziergang machen?

Warum hat Jessicas Mutter ihren Brief an die Tochter nicht zu Ende geschrieben?
Warum ist Jessica traurig?
Was macht sie in ihrem Zimmer?

Was geschieht am nächsten Tag nach der Schule?
Warum ist die Mutter von der Intensivstation verlegt worden?
Wie werden Jessica und ihre Mutter weiterleben?

Yolanda
Wie ist Yolandas Situation als 11-Jährige?
Wie denkt Yolanda über ihre Tante Martha?

Welches Geschenk schickt ihr die Mutter?
Was geschieht mit dem Haus, in dem ihre Mutter wohnt?
Worüber freut sich Yolanda am meisten?
Was erzählt sie von dem Leben im Jahr 1944?

Was schreibt Yolanda als Erstes im zweiten Heft?
Warum kann sie daran nicht glauben?

Warum will sie auch weg?
Wie verheimlicht sie ihren Plan vor Tante Martha?

Was macht sie auf der Flucht glücklich?
Wie ist Yolandas Leben auf der Flucht?

Wo lebt und arbeitet sie nach dem Krieg?

Was passiert im Dorf mit dem Eintreffen der amerikanischen Soldaten?

Was ist für Yolanda wichtiger als wieder zu Schule zu gehen?
Wie vertreibt sie ihren Liebeskummer?

Worüber schreibt die junge Yolanda im letzten Tagebuchheft?
Was ist ihr größter Wunsch?

Sprachübungen

A. Setze die Verben ins Präteritum:
Jesssica geht zum Schreibtisch, nimmt sich das Heft und geht in ihr Zimmer. Vor ihrem Bett bleibt sie kurz stehen, dreht sich dann um und läuft ins Schlafzimmer der Mutter. Sie legt sich ins Bett und kriecht unter die Decke. Es riecht ein bisschen nach Ma. Sie beginnt zu lesen.

Sie trinkt Tee und setzt sich an den Schreibtisch. Sie sortiert die Post, wirft die Werbung in den Papierkorb. Dann trägt sie ein paar Termine in den Kalender ein. Nach einer Stunde holt sie ihre Schulmappe und denkt darüber nach, was auf dem Stundenplan steht.

B. Welches Relativpronomen fehlt?
Der Autoschlüssel, ... eigentlich erst zum Abitur versprochen war.
Das Haus, ... sich hinter Bäumen versteckt.
Die Krankenschwester, ... den Blutdruck kontrolliert.
Der Preis, ... Ma mit Überstunden bezahlt hat.
Jeder Gegenstand, ... Ma ausgesucht hat.

Das Loch, in .... man fällt.
Dinge, von .... die junge Yolanda träumte.
Der einzige Platz, an .... sie allein sein konnte.
Die Kranken, ... wie Marionetten auf den hohen Betten liegen.

C. Finde die richtige Präposition:
Jessica nimmt das Heft _____ den Schoß.
Sie schaut erschrocken _____ die Uhr.
Es steht eine Kerze _____ dem Tisch.
Die Wolken ziehen _____ den Himmel.
Der Regen schlägt _____ die Fenster.
Die Mutter kauft Karten _____ die ganze Clique.

D. Bringe die Wörter in die richtige Reihenfolge:
1. es - gut - tut - weinen - zu
2. der - es - gibt - in - Küche - mehr - nichts - tun - zu
3. es - gibt - Hässlichkeit - in - keine - Ma´s - Welt
4. aus - der - einen - fahren - hinaus - in - sie - Stadt - Vorort
5. beendet - die - einer - halben - ist - Operation - seit - Stunde
6. Ärztin - aus - dem - die - gerade - ist - junge - Urlaub - zurück

Weitere Übungen und Anregungen unter
www.easyreader.dk